INTHECISOS LIFE

Fanny Y. Pérez Santiago
Ramón Ortiz
Enrique Cervantes
Rubén Fernández

IntheCISOs Life

Primera edición: 2024

ISBN: 9788410266322
ISBN eBook: 9788410266766

© del texto:
Fanny Y. Pérez Santiago, Ramón Ortiz, Enrique Cervantes y Rubén Fernández

© de la idea y nombre del libro:
Fanny Y. Pérez Santiago

© del diseño de esta edición:
Caligrama, 2024
www.caligramaeditorial.com
info@caligramaeditorial.com

Imágenes generadas con Dall-E. OpenAI (2024). ChatGPT

Impreso en España – Printed in Spain

Índice

Agradecimientos

A mis amores, quienes me otorgan los superpoderes para volar.

A mis creadores, por acompañarme en este viaje llamado vida.

Expreso mi sincero agradecimiento a Dani por su confianza y apoyo incondicional.

Asimismo, agradezco al equipo de trabajo por confiar en mi visión y atreverse a explorar fuera de lo convencional.

FANNY

Gracias a mi familia, por no decir nada de las horas robadas por este librito.

RAMÓN

Gracias, Fanny, por tirar de nosotros para que este libro se haga realidad.

Gracias, Paula, Valeria, por hacer que cada día necesite ser mejor para vosotras.

ENRIQUE

Gracias a Fanny, por embarcarme en este proyecto con esta maravillosa idea de hacer realidad un sueño que parecía muy lejano.

Gracias a Enrique y a Ramón, por esa disposición a seguir con emoción y alegría cualquier proyecto en el que podemos colaborar, irradiando luz y conocimientos por igual.

Gracias a mis padres, por aguantar lo difícil que puedo llegar a ser.

Gracias a mis hijos, Daniel y Carlos, por enseñarme que puedo tener mucha más paciencia de la que nunca imaginé, con sus ocurrencias geniales siempre.

RUBÉN

Prólogo

La motivación para escribir este libro se basa en una profunda reflexión. A menudo se destaca la complejidad de trabajar como CISO: el estrés, la presión, los desafíos constantes, la presión regulatoria, el cumplimiento normativo, la escasez de talento y todos los desafíos a los que nos enfrentamos cada día. Sin embargo, los que llevamos muchos años en esta profesión lo hacemos por pasión, amor por lo que hacemos y porque disfrutamos de cada reto que se nos presenta. Con este libro queremos compartir el lado positivo de nuestra profesión, esa faceta amable y enriquecedora que nos mantiene ocupados en este mar de posibilidades y aprendizaje constante.

Durante la V Edición de la CISO Academy de ISMS Forum 2023, celebrada en Bilbao en septiembre, fue cuando varios compañeros de viaje, amigos y expertos destacados en el campo se embarcaron en este viaje o, mejor dicho, excursión literaria.

Queremos destacar y corresponder el trabajo impecable de ISMS por haber creado un espacio tan consolidado que reúne a los mejores profesionales de España. Este espacio nos brinda la invaluable oportunidad de intercambiar experiencias profesionales, crecer tanto a nivel profesional como personal e incluso, para muchos de nosotros, consolidar lazos que van más allá de lo laboral, llegando a considerarnos como una familia. Además, el ISMS nos proporciona una maravillosa oportunidad para fortalecer los lazos entre colegas que compartimos los mismos intereses y pasiones: la tecnología y la ciberseguridad. Es un lugar donde la innovación es constante y donde juntos siempre estamos buscando nuevas formas de avanzar y progresar en nuestro campo.

Introducción

Si has abierto este libro esperando encontrar una guía convencional sobre gestión de riesgos tecnológicos, cumplimiento normativo o un manual técnico detallado sobre ciberseguridad, entonces no estás en el libro correcto. Sin embargo, si lo que buscas es un viaje a través de las experiencias reales, a veces caóticas y a menudo agradables, de quienes se han sumergido en el mundo de la ciberseguridad, entonces estás en el lugar correcto.

Los estudios sugieren que el papel de CISO puede conllevar altos niveles de estrés y presión, lo que a veces lleva a las personas a abandonar su puesto. Hay varios estudios sobre este tema en particular y los resultados muestran que la presión y el estrés asociados a los CISO y a las funciones en el campo de la ciberseguridad son muy elevados.

Un informe de Cynet publicado en el 2023[1] reveló los siguientes resultados:

El 94% de los CISO sufren de estrés laboral que estresaría hasta a un monje tibetano solo de pensarlo. Sí, has oído bien, ¡es

---

[1] Cynet, «Implications of Stress on CISOs 2023», https://go.cynet.com/ciso-stress-survey

un increíble 94%! Y eso no es todo: el 65% de los CISO sufren más estrés que una perdiz al final de una película.

Pero no pienses que este drama solo afecta a los altos mandos de la ciberseguridad, ¡no! También afecta a sus equipos y mucho, el 74% de los miembros del equipo de ciberseguridad han abandonado el barco debido a problemas relacionados con el estrés. Es como el popular *reality* de *Supervivientes,* en el que los personajes no pueden soportar la tensión y quieren abandonar. Casi la mitad de estos CISO han perdido más personal en los últimos doce meses similar al descenso en lectores de periódicos durante la era digital, lo que, por supuesto, repercute en sus esfuerzos de contratación. Un asombroso 83% han admitido haber contratado personal sin comprobar siquiera si saben lo que significa la palabra «ciberseguridad» solo para cubrir los huecos dejados por las bajas de los desertores (**fuente:** Healthcare Facilities Today y HealthITSecurity[2]).

Pero eso no es todo, amigos míos. Preparaos para el clímax de este drama. Resulta que más del 90% de estos valientes CISO están tan ocupados apagando fuegos que ni siquiera pueden tomarse un descanso. ¿Adónde ha ido a parar la idea de «trabajar de forma eficiente, no solo más duro»? Estos héroes modernos (nosotros) trabajamos más de cuarenta horas a la semana sin descanso, como si estuvieran compitiendo para ver quién aguanta más tiempo sin dormir. El estrés ha alcanzado tal nivel que cancelan sus vacaciones, faltan a eventos sociales y han olvidado la última vez que se rieron sin sufrir un ataque de nervios.

En resumen, este estudio hace hincapié en la necesidad urgente de enviar grandes paquetes de chocolate, vino y tazas con mensajes positivos a los despachos de estos CISO. Porque si queremos mejorar la ciberseguridad, primero tenemos que asegurarnos de

---

[2]   https://www.healthcarefacilitiestoday.com/posts/Cynet-Releases-Report
-on-the-Stresses-CISOs-Face-in-2023--28325

que nuestros guerreros están en buena forma y no al borde de un ataque de nervios, cuidar de nuestros CISO que mantienen la ciberseguridad y el sentido común con el mismo nivel de destreza.

Me pregunto si alguno de los lectores de este libro ha sido entrevistado para los informes mencionados. Personalmente, nunca he participado en una encuesta de este tipo. La mayoría de los problemas destacados en estos informes son inherentes a nuestra profesión y no suponen un riesgo para la salud; no solo son parte del trabajo, sino que también forman parte integral del mismo. Si no logras manejar el estrés de manera efectiva, deberías planteártelo como primera tarea antes de emprender este camino. Si no puedes estar disponible las veinticuatro horas del día, quizá sea aconsejable buscar otros trabajos más tranquilos, como el de bibliotecario.

IntheCISOs no aborda técnicas o prácticas específicas de gestión del estrés, como el yoga, el taichí, el *qi gong,* la meditación o el *mindfulness;* aunque recomendamos encarecidamente su inclusión para enriquecer tu carrera profesional. De hecho, las consideramos mucho más valiosas que un MBA o una certificación. Sin embargo, abordaremos la idea de que todos los CISO tenemos puntos en común, que dejemos atrás el drama y que no todo en este viaje profesional es negativo. A través del humor, comprenderás que nuestra profesión no es tan desfavorable como a veces sugieren las encuestas.

Este libro es el resultado de innumerables reuniones y conversaciones entre varios CISO, que, con un sorbo de café y en momentos de iluminación, compartieron sus historias con nosotros, sus luchas y victorias, todas de forma anónima. Un día, nació la idea de recopilar estas historias en un libro que sirviera de faro para los que acaban de empezar en este campo, pero también para los veteranos que ya han surcado estas aguas.

En este libro te sumergirás en el estresante pero fascinante mundo de los CISO; pero, sobre todo, encontrarás también algunas anécdotas divertidas y momentos de humor que ilustran la riqueza y diversidad de nuestra profesión. Desde situaciones tensas hasta las más absurdas, este libro abarca todas las facetas de la vida de un CISO.

Esta es una colección de historias; es un viaje hacia la comprensión y el reconocimiento de los retos y triunfos que conforman la vida de un CISO. Esperamos que en estas páginas encuentres no solo resonancia y consuelo en las experiencias de otros, sino también la inspiración para superar tus propios retos. Al compartir estas historias, creamos una comunidad más fuerte y unida, con menos dramas, traumas, capaz de afrontar los retos de la ciberseguridad con mayor sabiduría, resistencia y resiliencia.

Al final de este libro, te animamos a reflexionar sobre tu propia historia. Tanto si decides compartirla con nosotros como si la guardas para tu propio crecimiento personal, recuerda que cada experiencia cuenta y contribuye al tejido más amplio de nuestra profesión. Juntos no solo podemos contrarrestar las amenazas del ciberespacio, sino también construir un futuro más seguro y poderoso para todos los que trabajan en ciberseguridad. Además, nos ahorraremos una fortuna evitando psicólogos y pastillas para los nervios.

Te invitamos a leer los testimonios de amigos y colegas que han optado por mantener sus historias en el anonimato. Y, quién sabe, tal vez después de hojear estas páginas te sientas inspirado para compartir tus propias historias con nosotros. Al fin y al cabo, cada CISO tiene su propia historia que contar y este libro es solo el principio de un diálogo más amplio y enriquecedor.

Cualquier parecido con situaciones de la vida real es pura coincidencia y es importante señalar que lo que pasa en *In TheCISOs* se queda en *In TheCISOs,* dirigido solo para CISO. Cada capítulo del libro es una historia independiente, algunas historias han sido entremezcladas con elementos de ficción para enmascarar experiencias vividas. No busques una conexión entre los capítulos; puedes disfrutar del libro de forma no lineal seleccionando los capítulos que más te interesen o leyéndolos en orden aleatorio. Durante la lectura, encontrarás cuatro estilos de escritura diferentes. Es importante recordar que no somos escritores, somos CISO que damos voz a diferentes perspectivas.

Por supuesto, si decides compartir tus anécdotas con nosotros, firmaremos un acuerdo de confidencialidad, garantizaremos la seguridad al 100% en todo el proceso. Para ello, tu información estará protegida en una nube privada, almacenada en un HSM virtual, implementaremos una estrategia de confianza cero *(zero trust)*. Con toda esta información, crearemos un modelo y una base de conocimientos utilizando gpt-4. De esta manera, enriqueceremos las anécdotas. Además, mantendremos la alta disponibilidad del servicio para los CISO suscritos.

Si te sientes motivado para compartir tu historia con nosotros, no dudes en escribirnos a la siguiente dirección de correo electrónico: inthecisoslife@gmail.com

ADVERTENCIA: Este libro no es apto para CIO, CEO, DPO, CFO y personas que trabajan en el *C-level* de las organizaciones. Si a pesar de todo decides leer este libro, ten en cuenta que no está recomendado para personas con problemas cardíacos, hipertensión o enfermedades similares. Si experimentas algún malestar emocional durante la lectura, por favor, detén la lectura de inmediato.

Este libro está escrito para evocar sentimientos intensos. Sin embargo, tu seguridad y tu salud mental son primordiales. Disfrútalo con precaución. Recuerda que la lectura de este libro puede ser intensa y desencadenar emociones fuertes.

La tecnología como facilitador del hundimiento

Si crees que la tecnología puede solventar tus problemas de seguridad, entonces no entiendes los problemas y no entiendes de tecnología.

BRUCE SCHNEIER

Hola, soy Elliot y estoy empezando a trabajar como CISO. Vengo del mundo técnico y he participado en la gestión de incidentes desde que era estudiante de la carrera. Me gradué en Teleco, mi pasión por el *reversing* de *malware,* forense, *threat hunting* y la investigación de las últimas tácticas de los ciberataques han sido mi inspiración durante los últimos seis años; mi referencia es MITRE ATT&CK Framework. Hasta el 11 de noviembre, fui la mano derecha del anterior CISO, Pepe. Trabajamos codo con codo durante cinco años. Su marcha me ha dado una oportunidad apasionante de crecer, aunque tengo que admitir que también me siento un poco intimidado y un poco triste porque habíamos formado un buen equipo. No estoy seguro de estar preparado para este nuevo rol.

La salida de Pepe parecía una escena de una película de comedia absurda: ¡lo despidieron porque tuvimos dos incidentes al año durante los últimos tres años! Sí, es cierto que hemos tenido nuestros momentos álgidos con algunos ciberataques muy sonados, pero hemos implantado soluciones de mercado que nos permiten estar a la vanguardia de la ciberseguridad.

Aquel fatídico 11 de noviembre, Pepe llega a la oficina como de costumbre. Su tarjeta de acceso no funciona, su nombre de usuario está bloqueado, el equipo de seguridad física se presenta como si estuvieran rodando una escena de *CSI*. Le piden a Pepe que los acompañe y le escoltan como si fuera el delincuente más buscado del mundo, y yo me quedo en medio de este caos, con los ojos como platos y la cabeza llena de preguntas. Los rumores se disparan: ¿qué ha hecho Pepe?, ¿por qué se lo llevan como si fuera el ladrón del siglo? El drama se desarrolla en la oficina.

Como cualquier buen cotilleo de pasillo, la noticia de que se han llevado a Pepe se extiende como la pólvora por todas las plantas del edificio. El sonido de Teams empieza a resonar como el tañido de las campanas del día del juicio final. Los rumores se convierten en una red de intrigas. Unos afirman que está implicado en fraudes, otros susurran que es responsable de los ciberataques, algunos afirman que ya era hora y no falta quien se pregunta cómo es posible que tengamos un CISO incapaz de prevenir ciberataques. Hay especulaciones y cuchicheos en la oficina como si estuviéramos en pleno rodaje de una película de suspense.

Conozco personalmente a Pepe y apostaría hasta mi último trozo de chocolate por su inocencia. Puede que no haya sido el CISO más brillante, pero eso está muy lejos de llamarle ladrón. Me hierve la sangre al ver a la gente especular sin tener ni idea y con una saña que no tienen ni los villanos de los cómics. Pepe siempre fue algo así como el tío abuelo de la oficina, llevaba aquí más tiempo que los muebles de la sala de juntas: treinta años. Era respetado, sí, pero tampoco era el centro de la fiesta. No le gustaba salir de su caparazón, nunca le vi en una conferencia de ciberseguridad o en un acto social. Pero ¿un ladrón? Jamás.

Pasaron los minutos, pasaron las horas y a última hora de la tarde Rosa, la CIO, y Jesús, el CEO, convocaron una reunión, la reunión que todos estábamos esperando, queríamos conocer el detalle del acontecimiento del siglo. La noticia nos tomó a todos por sorpresa: Pepe ha decidido dar un paso adelante y disfrutar de una vida más tranquila, hora de su jubilación... ¿Se ha jubilado? La CIO y el CEO pronunciaron un discurso impecable en el que destacaron la incansable labor de Pepe durante sus treinta años de servicio a la organización. Nos recordaron la dedicación de Pepe y la importancia de agradecer su contribución y nos aseguraron que siempre ocupará un lugar muy especial en nuestra organización. Fue un elogio en el que no parece importar lo buena o mala que haya sido la persona, solo se destacan sus virtudes. En definitiva, es como si se hablara de alguien que ya está muerto o, en el caso de Pepe, había llegado al final de su carrera profesional.

Allí estaba yo al frente, sucesor de Pepe, sin ninguna experiencia como CISO. Solo sabía que Paco había sido despedido por los ciberincidentes de los últimos años, pero eso no es justo. Hemos desplegado las mejores tecnologías del mercado, ¡tenemos más siglas que una sopa de letras! DLP, EDR, NAC, *proxy,* BAS, SSE, SASE, CASB, ZTNA, PKI, SIEM, IRM, UEBA, DAM, WAF, MFA, IdP, ITDR... Estoy convencido de que tenemos todas las siglas del mercado. Nuestra arquitectura es tan compleja y completa que incluso nuestros equipos a veces se pierden en ella, pero, créanme, sin duda, navegamos por aguas profundas y contamos con todas las certificaciones de buceo.

El 12 de noviembre me llamaron al despacho del CEO, donde también estaba Rosa, la CIO. Me dijeron:

—Elliot, tienes una oportunidad única en la vida. Tienes que hacerlo bien. Confiamos en ti y en tu experiencia. No queremos más incidentes. ¿Entiendes por qué Pepe ya no está con nosotros? ¿Necesitas más explicaciones?

Mi respuesta fue clara y contundente:

—Entiendo muy bien la situación y no requiero más explicaciones.

El CEO (Jesús) soltó:

—La comunicación con Pepe no era fluida. Cada vez que presentaba ante el consejo, pensábamos como si Pepe estuviera hablando en un idioma extraterrestre, era un desfile interminable de siglas. Era como estar atrapado en una partida de Scrabble con letras que no significaban nada para nosotros, ¡al menos para mí! ¿Verdad, Rosa? Parecía haber creado un nuevo lenguaje como medio para distanciarse de la Alta Dirección y eso era lo que hacía cada año. Imagínate la escena: cada año más siglas, era como un desfile de disfraces de letras sin sentido.

»No conforme con los problemas de comunicación de Pepe, que podrían haberse resuelto con facilidad, nos encontramos ante una situación alarmante: a pesar del importante aumento de la inversión en ciberseguridad en los últimos años, los ciberataques han experimentado un aumento espectacular. Estamos perplejos y muy preocupados porque es evidente que algo no funciona como debería. Por eso te pedimos un informe detallado de la situación para identificar la raíz del problema y resolverlo lo antes posible. Te daremos un mes para completar la revisión. Piensa en este plazo como una oportunidad para ratificar tu cargo y demostrar tus capacidades.

Cuando llegué a casa aquella noche, el peso de la responsabilidad me envolvía como una pesada manta. Ni siquiera tenía ganas de comer; mi estómago estaba más preocupado que hambriento. Mientras me desvestía, mis pensamientos no paraban. Si Pepe, con sus tres décadas de experiencia en ciberseguridad, no pudo resolver los problemas, ¿qué esperanza podría tener yo con mi corta trayectoria?

En la cocina, la mesa estaba vacía, triste metáfora de mi propio apetito. Paula, mi compañera de vida, se dio cuenta de mi estado de ánimo. Pero yo siempre intentaba protegerla de mis preocupaciones laborales. Paula trabaja en una guardería, rodeada de risas, lágrimas, manchas, virus y pañales sucios, y cuida de más de veinte niños como si fueran suyos. Comparado con sus retos diarios, los míos parecen insignificantes. Sin embargo, al ver su gesto de preocupación, decidí contarle mis problemas por primera vez. Le expliqué que me habían encomendado la difícil tarea de reestructurar la Dirección de Ciberseguridad tras la marcha de Pepe. El CEO y la CIO me encargaron una revisión exhaustiva de los últimos tres años y el desarrollo de un plan de acción para volver a encarrilar las cosas. Era un desafío proveniente de las altas esferas, una prueba de fuego que estaba decidido a superar, aunque no tenía claro cómo hacerlo.

Paula me mira con una mezcla de admiración y de confianza y me dice:

—Tienes mucho talento; confía en ti tanto como yo lo hago.

Fingí estar más tranquilo mientras le daba a Paula el beso de buenas noches, pero en cuanto cerró la puerta de nuestra habitación me apresuré a entrar en mi despacho. Allí, rodeado de las sombras de la noche, me sumergí en el mundo virtual de internet —mi vía de escape—, como si allí pudiera encontrar una fórmula mágica que resolviera todos mis problemas de un plumazo. Entre páginas y páginas de información, busqué de manera desesperada una solución, una respuesta que iluminara el incierto camino que tenía por delante. Planteé la pregunta a ChatGPT, a Bard, y su respuesta no fue muy concreta.

Solo podía pensar en lo que me habían pedido y cómo las nuevas tecnologías me podrían ayudar. ¿Quién puede resistirse al atractivo de lo último en innovación? Es como si el aire mismo te faltara si no estás al tanto, ¿verdad? Claro que sí, así de simple. Solo necesitamos abrazar lo nuevo y, *voilà!*, como por arte de magia, estaremos a salvo de cualquier ciberataque. Seguro que es tan sencillo como parece, ¿verdad? Pero ¿qué necesitaba si teníamos prácticamente todo? ¿Cuál era la pieza faltante?

Mientras buscaba respuestas en internet, encontré una cita de Bruce Schneier que se me quedó grabada en la mente: «Si crees que la tecnología resolverá todos tus problemas de seguridad es que no entiendes ni los problemas ni la tecnología». La cita sonó como una campana en mi cabeza y me hizo reflexionar sobre su significado: ¿me había perdido algo fundamental?, ¿no era el exceso de confianza en la tecnología la solución?

Las manecillas del reloj avanzaban implacables y, antes de darme cuenta, ya eran las dos y once de la madrugada. ¡Qué hora para filosofar sobre ciberseguridad! A pesar de mi cansancio, esta frase daba vueltas en mi cabeza como un hámster en una rueda, incitándome a replantearme mi enfoque.

Apagué el ordenador con determinación y recordé mis responsabilidades como el nuevo gran CISO. Lo primero que hice fue bloquear la sesión abierta. Sigilosamente, me deslicé hasta el dormitorio, donde me envolvió la quietud de la noche, pero mi mente seguía funcionando a toda velocidad, buscando respuestas y nuevas perspectivas.

Al final, el sueño me venció y desperté a las seis y once de la mañana para iniciar mi rutina de trabajo. Paula y yo tenemos la costumbre de desayunar juntos todas las mañanas. Este día, sin embargo, pasó el desayuno en un silencio incómodo mientras mi mente daba vueltas en busca de la iluminación. A las siete de la mañana, me dirigí al gimnasio para mi clase de ciclo, como de costumbre. Mi cuerpo pedaleaba con todas sus fuerzas, pero mi mente no se detenía ni un segundo. Seguía obsesionado con encontrar respuestas y soluciones a los retos a los que me enfrentaba en el trabajo: ¡ah, la batalla entre el cuerpo en movimiento y la mente que no da tregua!

Cuando llegué a la oficina ese día, me llamaron para que entrara en el despacho de Rosa, la CIO, que quería discutir el estado del plan. Su mirada firme y decidida fue una clara negativa. Sin necesidad de pronunciar una palabra, supe que no sería una conversación superficial. Quería saber detalles sobre mi progreso hasta el momento, si había fijado un objetivo claro y si necesitaba su apoyo. La presión era palpable: la primera presentación tenía que estar lista en menos de un mes. Mi permanencia en el cargo dependía de ello. Cuando salí de su despacho, estaba aún más ansioso que antes. La responsabilidad era como intentar levantar una pesa de trescientos kilos sobre mis hombros y el reloj avanzaba implacable hacia la fecha límite.

Pensé en llamar a Pepe, pero tras su trágico despido decidí no hacerlo. El día fue una montaña rusa: gente felicitándome por mi nuevo puesto, unos cotilleando sobre la marcha de Pepe, otros más interesados en mi plan y luego ¡la avalancha de proveedores queriendo felicitarme y buscando formas de «colaborar»! ¿Colaborar? ¿Crees que mi agenda actual me lo permite y que tengo todo el tiempo del mundo? Esto es una locura.

Mi equipo intenta que apruebe todas las peticiones pendientes desde la salida de Pepe y, encima, mi agenda está llena de reuniones que parecen más largas que la lista de espera del dentista. Ser CISO es una montaña rusa emocional con entradas agotadas para el estrés —no hay tiempo para nada— y hoy ni siquiera he podido seguir el ritmo de la agenda. Pensaba que Pepe llevaba una vida tranquila como CISO, pensaba que era yo quien realizaba todo el trabajo pesado del área. Pero entonces me di cuenta de la enorme carga de trabajo que conlleva ser CISO.

Esa noche, salí de la oficina más tarde que nunca, como si participara en un maratón de procrastinación. Llegué a casa agotado y le dije a Paula con todo el dramatismo de una escena de Shakespeare:

—Hoy tengo que trabajar hasta el amanecer, no he avanzado ni un milímetro con el plan. No tengo ganas de cenar, necesito la noche para intentar resolver el centro de gravedad de mi plan.

Me encerré en el despacho, encendí el ordenador y me puse a navegar por la inmensidad de internet. La verdad es que estaba más perdido que nunca, no tenía ni idea de por dónde empezar y solo resonaba en mi cabeza la frase de Bruce: «¡Encuentra la llave, colega!». Parece que Bruce y yo somos como dos almas gemelas destinadas a buscar en el ciberespacio la salvación de mi empresa.

Consciente de la arquitectura de seguridad, decidí revisar todos los ciberincidentes de los últimos años, haciendo una radiografía profunda de cada uno. Quería averiguar si había algún patrón común entre ellos.

- ✓ **Ciberincidente 1.** La cuenta de administrador ha sido hackeada. Parece que alguien se tomó la molestia de «pedir prestadas» las credenciales de un empleado, cortesía del *malware* instalado en su equipo. ¡Vaya forma de empezar el día.
- ✓ **Ciberincidente 2.** Por no tener MFA en las consolas de los FW, el atacante pudo acceder a información sensible de nuestra empresa.
- ✓ **Ciberincidente 3.** ¿Quién necesita esconder las llaves de la casa cuando puedes dejar expuestos dos millones de registros de clientes en internet sin protección por contraseña?
- ✓ **Ciberincidente 4.** ¡Qué conveniente tener un millón de usuarios expuestos en internet en bases de datos desprotegidas! Deben de haber pensado que compartir es cuidar.
- ✓ **Ciberincidente 5.** La brecha de seguridad dejó expuestas doscientas cincuenta mil cuentas de usuarios. Los atacantes accedieron a información, ¡incluidos nombres de usuario y direcciones de correo electrónico!
- ✓ **Ciberincidente 6.** Dos millones de usuarios tuvieron que cambiar sus contraseñas porque, bueno, almacenarlas en texto claro era más fácil para los administradores.

Después de revisar en profundidad los detalles de los ciberincidentes una y otra vez, decidí continuar investigando en internet.

Ya sea por casualidad o no —ya saben que no creo en las casualidades—, me encontré con una publicación de SANS Institute del 2005 sobre los errores más comunes en seguridad —seguridad, el término antiguo para referirse a la ciberseguridad—.

Un verdadero clásico del género. Nunca había leído este artículo. Está claro que es muy antiguo; yo estaba en primaria cuando se publicó. Seguro que a muchos lectores les entra la nostalgia y se embarcan en un viaje épico. Prepárense para embarcarse en un viaje a través de los errores más memorables del pasado, aunque parezca que estemos hablando del presente.

Los diez peores errores de seguridad cometidos por los profesionales de TI/seguridad incluyen:

✓ Conectar sistemas a internet antes de asegurar los controles de seguridad adecuados.

✓ Conectar sistemas de prueba a internet con cuentas/contraseñas por defecto.

✓ Actualización tardía de los parches de seguridad.

✓ Uso de telnet, FTP y otros protocolos no seguros para administrar sistemas.

✓ Dar a los usuarios contraseñas por teléfono o por correo.

✓ No mantener ni probar las copias de seguridad.

✓ Ejecución de servicios innecesarios, como ftpd, telnetd, finger, rpc, *e-mail,* rservices.

✓ Implementación de *firewalls* con reglas ineficaces.

✓ No implementar o actualizar el *software* de detección de *malware.*

✓ No educar a los usuarios sobre cómo identificar problemas de seguridad y cómo actuar al respecto.

Además, los cinco peores errores de seguridad cometidos por los usuarios finales son:

✓ Abrir archivos adjuntos de correo electrónico sin precaución.

✓ Responder a correos de *phishing* y proporcionar sus claves de acceso a extraños.

✓ No mantener actualizado el antivirus.

✓ No instalar parches de seguridad.
✓ No realizar copias de seguridad de sus datos.

Después de casi veinte años, leyendo la publicación de SANS Institute, parece como si el tiempo se hubiera detenido. Estamos atrapados en un ciclo interminable sin saber cómo escapar de él, como en un abrazo mortal *(deadlock)* hablando en lenguaje de programación. Si para algo sirve la historia es para conocerla y aprender de ella. Como dijo Edmund Burke hace más de doscientos años: «Los que no conocen la historia están condenados a repetirla».

Después de leer este *post,* pensé que, aunque los ataques pueden ser más enrevesados como las excusas de un adolescente para llegar tarde a casa, la realidad es que la mayoría de las brechas de seguridad son tan claras como un letrero de neón en la oscuridad. Al menos, eso es lo que comprendí de los ciberincidentes en mi empresa. Entonces me di cuenta de que necesitaba centrarme en los procesos básicos de seguridad. Pongamos las prioridades en el orden correcto.

Cuando por fin las piezas estaban en su sitio, mi plan estaba completo y la causa de los ciberincidentes estaban al descubierto. Tenía una visión clara del plan que presentaría a la CIO y al CEO y esbocé cada paso con precisión quirúrgica. Estaba listo para compartir con ellos la estrategia que acabaría con nuestras preocupaciones de una vez por todas.

Este descubrimiento fue el comienzo de mi viaje por el mundo de los protectores de la ciberseguridad. Confío en poder introducir un nuevo enfoque al Área de Ciberseguridad. Sin embargo, debo dejar claro a la Dirección que esto no garantiza la prevención de todos los ciberincidentes o evite futuros ciberataques. Lamentablemente, eso es imposible.

Compartí la primera versión de la presentación con Rosa, que estaba más tensa que invitados en un bautizo de *gremlin,* pues era consciente de que, como máxima responsable de la Dirección, ella también era en parte responsable de la situación. Sabía que el CEO no estaba de humor para bromas y que no toleraría más errores en el ámbito de la ciberseguridad.

En la presentación, tomé la audaz decisión de evitar el uso de siglas y jerga técnica —lo cual, tengo que reconocer, no fue tarea fácil, ya que es el dialecto que normalmente hablo a diario—. Quería distanciarme de los errores del bueno de Pepe y opté por comunicar la información de forma más comprensible, evitando que pareciera provenir de otro planeta. En lugar de ello, me enfoqué en resaltar los errores básicos de ciberseguridad durante la presentación. Destaqué el nivel de implementación de los procesos fundamentales e insistí en que la responsabilidad no recae únicamente en el Área de Ciberseguridad. Otras áreas también tienen una responsabilidad muy relevante, tales como Desarrollo, Bases de Datos, Infraestructura, Comunicación y Soporte al Usuario, entre otras, que desempeñan un papel crucial en el ciclo de vida de la ciberseguridad. Además, es fundamental tener en cuenta los riesgos asociados a este nivel de implementación.

Al final, dije algo así como:

—Aunque podríamos mejorar nuestros procesos básicos, adoptar mejores prácticas en el equipo de ciberseguridad y delegar responsabilidades de los procesos básicos de ciberseguridad, podríamos mejorar nuestro nivel de madurez. Sin embargo, no hay que engañarse: aún podemos ser víctimas de nuevos ciberataques. Es como construir un castillo de arena en medio de una marea alta.

Rosa tomó la iniciativa y programó una reunión con el CEO para presentarle nuestro nuevo enfoque. Por un giro del destino, el CEO propuso que estas reuniones se convirtieran en un evento mensual para dar seguimiento a nuestro progreso y avances.

Así que nos preparamos para una especie de «cita mensual» con el jefe máximo, como si fuéramos una serie de Netflix, con temporadas llenas de emoción y suspense. Como mínimo, estábamos seguros de que cada mes sería una montaña rusa de emoción y avances en ciberseguridad.

Ahora me gustaría pedirte, querido lector, que reflexiones sobre:

- ✓ ¿Estás realmente seguro de que los procesos básicos de ciberseguridad en tu organización funcionan correctamente?
- ✓ ¿Estás convencido de que funcionan de forma óptima?
- ✓ ¿Cuentas con KPI para medir la eficacia de estos procesos?
- ✓ Y, lo más importante, ¿has adaptado tu lenguaje para que la Alta Dirección pueda entenderte con claridad?

Y así continúa nuestro viaje por el fascinante mundo de la ciberseguridad, donde cada día nos sumergimos en una nueva aventura en el salvaje Oeste digital. Sin embargo, este capítulo no se limita a ser una simple historia, sino que busca ser una reflexión profunda, una guía para regresar a los fundamentos básicos de la ciberseguridad. No todo lo resolvemos con tecnología.

Te planteo esta pregunta: ¿realmente cuentas con una gestión efectiva de los procesos básicos?

Mis primeros días: De la teoría al pánico

Cuando aprendamos a trabajar juntos y no contra nosotros, las cosas empezarán a mejorar.

ALEX ELLE

Me presento, soy Gaby P., y estoy aquí para contaros lo que supuso para un profesional de la ciberseguridad un cambio de trabajo.

Los cambios son una oportunidad y es por ello por lo que siempre los he percibido como algo positivo. No es que en mi trayectoria haya cambiado muchas veces de empleo, solo algunas.

Los cambios son a veces por obligación, y otras, los haces voluntariamente. Como hemos oído alguna vez, te tiras o te tiran.

Intentaré poneros en antecedentes, sin enredarme en detalles. Estudié una Ingeniería y mis primeros empleos me condujeron al mundo de la programación; aunque lo cierto es que claramente mi personalidad estaba orientada al cliente o al usuario final, de modo que mi perfil mutó y estuve haciendo consultoría durante algunos años. Uno de los clientes me ofreció quedarme con ellos y realizar tareas de análisis de procesos internos; algunos de ellos, desde luego, tocantes a la seguridad IT. Ese fue mi primer contacto con la seguridad informática. Entonces no se decía ciberseguridad. Por alguna razón, pensaron en mí para que me encargara de la seguridad, a propósito de la primera ley de privacidad, y es desde entonces que me dedico a la seguridad.

Cambié de empresa un par de veces más. El primer cambio fue para poder crecer y el segundo porque donde se suponía que debía de crecer las cosas se torcieron. Algunos los recordaréis, eran malos momentos para el ladrillo, pero esa es otra historia.

Os contaré una de ellas, la que mejor me acuerdo. La última.

Día 1

Salgo de casa y, por alguna razón, no hay atasco. El tráfico va increíblemente fluido y, aunque tenía un largo camino por delante, tampoco mi plan era llegar demasiado temprano. Pero da igual lo que uno planee, con media hora de adelanto llego a la oficina.

El edificio es moderno y elegante, intimida. Ya había estado antes, pero no lo recordaba. Entro en el vestíbulo y en la recepción:

—Hola. ¿En qué puedo ayudarle?

—Soy Gaby P. Me está esperando Leo H. Soy el nuevo CISO.

—¿A quién ha dicho que viene usted a ver?

—A Leo H.

—Espere un momento... Sí, le espera en su despacho. Suba por el ascensor, el número es 101.

—Gracias.

Por deformación profesional, he analizado el proceso de mi entrada en el edificio y el de otra visita con la que he coincidido en la recepción. Bueno, proceso muy mejorable, aquí podría entrar cualquiera contando una buena historia. Ya iremos viendo este asunto, ahora no toca.

¡Caray! Por un momento, creí que me había equivocado de empresa. Cuando llego al piso 10, me dirijo al despacho de Leo H., mi jefe, con el que había hablado ya varias veces, pero nunca en su despacho.

Leo H. es amable y sonriente; todos los jefes lo son cuando quieren. A lo largo de los años, me he dado cuenta de que cuantos más jefes hay, más encantadores son capaces de ser. Si les da la gana. Seductores a conveniencia.

—Gaby, ¡bienvenido! ¡Cómo me alegro de que ya estés aquí!

Leo me da una cálida bienvenida que me tranquiliza. Veo que en su despacho está alguien con quien recuerdo haber hablado en alguna de las varias entrevistas que tuve en el proceso. No me acuerdo de su nombre, ¡qué rabia me da mi maldita descortesía de no retener nombres! ¡Grrrrr!

—Te acuerdas de Mel, ¿verdad? Es nuestro CIO. A partir de ahora será tu superior, espero que os llevéis bien, ¡me va la vida en ello! Creo que sois un equipo ganador, no puedo contar con mejor tándem.

Me quedé descolocado. ¿Cómo que el CIO? En las sucesivas reuniones que tuve con Leo, siempre me habló de que él me pediría, lo esperaba, etc. De hecho, cuando hablé con Mel, ahora lo recuerdo, él también me habló de lo que Leo quería y de lo que Leo estaba buscando. Me han o me he hecho un lío, pronto empezamos.

Bueno, no le daré más vueltas, mi superior no es el director corporativo, va a ser el CIO. Parecía demasiado bonito. No empiezo con el mejor pie, pero no voy a desanimarme antes de empezar. Y tampoco voy a pedir explicaciones, al menos por ahora.

Mel me habla de cosas intrascendentes y me comenta que vayamos al departamento, que hay mucho por hacer y mucho que comentar.

—Por cierto, Gaby, dame tu teléfono, que te hago una perdida, que no tengo tu contacto. Otra cosa, ¿te ha dicho alguien algo de tu ordenador y demás?

—Pues no, la verdad. Pero, bueno, acabo de llegar.

—Ya te dirán, no te preocupes.

Nos metemos en lo que va a ser mi despacho —no está mal— y me comenta que lo primero que haremos es que conozca al equipo de técnicos de seguridad. Dice que están esperándome en la sala de reuniones.

Pensé que entraríamos en harina más gradualmente; pero, bueno, vamos allá. Lo de conocer al equipo puede ser lo más estimulante o lo más decepcionante. En mi vida he vivido las dos sensaciones. No tengo expectativas en ningún sentido, ¿verdad? Sí, no tengo expectativas, de verdad que no.

Entramos en la sala y allí están. Educadamente, se ponen de pie y me saludan. Mel me presenta:

—Buenos días. Os presento a Gaby, a partir de hoy será nuestro CISO. Espero que forméis buen equipo. Gaby, ellos son Armando, Feliciano y Aranda.

Les cuenta por encima algo de mi trayectoria. Sin embargo, me da la sensación de que está mezclando historiales de otros candidatos con los míos, ¿será posible? No deja de parecerme cómico, la verdad, aunque detalle a detalle no sé si estoy en el sitio correcto.

Le suena el móvil, se disculpa y se marcha, de modo que me quedo con ellos.

Son tres chicos. Bueno, un señor y dos que serán de mi edad aproximadamente. ¿No me acabo de decir que no tenía expectativas?

Tendré que hablarles. Les digo que estoy encantado de haberme incorporado a la corporación y les pregunto por sus atribuciones.

Armando, que parece el más echado *pa'lante,* me dice que es técnico en microinformática y que lleva dos años en el departamento. Se encarga de la consola del antivirus y ayuda a Feliciano con el seguimiento de incidentes.

Feliciano asiente y me cuenta más o menos lo mismo que ya me ha contado Armando.

El otro es Aranda, que me parece como un señor, me observa y examina, pero no habla. De modo que le pregunto:

—Y tú, Aranda, ¿qué tal vas?, ¿dónde estás focalizado?

Me responde:

—Hola. Bueno, en realidad, me llamo Elisendo, pero, como es un nombre un poco raro, todos me llaman Aranda. A mí me gusta más que me digan Aranda. Me lo pusieron en la mili y ya me he quedado con ese nombre, hasta en mi casa y mis amigos me llaman Aranda.

Me quedo como flipando, pero le llamaremos Aranda; si él es más feliz así...

—Bueno, yo me encargo de coordinar con el Departamento de Infraestructura y Sistemas la gestión de los *firewalls* y les ayudo con la red —continúa.

Armando, el que parece proactivo y, según lo que ha contado Mel, debe de haber quedado con dudas, me pregunta de dónde vengo y qué planes tengo en la cabeza. En esto, Mel regresa y me requiere para una reunión. Nos vamos y los dejo en la sala; les digo que ya seguiremos hablando luego.

Después de conocerlos, me da la impresión de que no me han parecido muy *techies,* tampoco muy *governance,* tampoco hay ninguna mujer. ¡A ver qué tal se nos da!

—¿Qué te ha parecido el personal? —me preguntó Mel.

—Bueno, tampoco he hablado mucho con ellos. Parecen experimentados. ¿Llevan mucho tiempo trabajando en la empresa?

—Todos vinieron de Desarrollo o de Sistemas y han rendido bien. Pertenecen a una contrata y si tú estimas que es preciso hacer ajustes es cuestión de plantearlo. Tienes total libertad.

—Estoy seguro de que trabajaremos muy bien juntos —dije para no empezar con líos.

La primera reunión, a la que me llevó Mel, era con unas personas del Departamento de Cobros para unos temas ininteligibles para mí y en la que no pintaba nada. Mel me presentó a los compañeros y les explicó que empezaba como CISO y me pidió que les explicara la función. Los de Cobros, inesperadamente para mí, estaban muy receptivos ante la ciberseguridad. Hicieron preguntas inteligentes y hasta me hicieron algunas peticiones específicas para su departamento. Lo cierto es que lo que parecía una reunión irrelevante terminó siendo interesante y enriquecedora.

A lo tonto se había hecho la hora de comer. Me debatía entre irme a comer fuera, a mi casa, comer con el departamento o tratar de comer con Mel y tratar de que me diera nuevas orientaciones y comentarios.

Los de Cobros me sacaron de mis cavilaciones porque sobre la marcha me sugirieron comer con ellos, acepté y salimos al típico restaurante de menú.

Me apabullaron con su hospitalidad y amabilidad conmigo. Me contaron mil y un detalles personales, cotilleos de la empresa de los que no me enteraba de nada y algún aspecto de la Dirección de IT que sí me podía valer.

La verdad es que llegué al despacho después de comer con la cabeza como un bombo y con la sensación de tener que empezar a trabajar en serio de una vez por todas, de modo que empecé a redactar la relación de información que requería y que tenía intención de solicitar a Mel y al equipo.

Pienso y enumero las primeras informaciones que quiero obtener de la gente de mi departamento: cuadro de mando con los indicadores de seguridad actualmente definidos y detalles de las operaciones de seguridad, la relación de los incidentes de los últimos doce meses. Quiero saber por dónde nos vienen los problemas.

También necesito conocer los últimos informes de auditorías y qué recomendaciones han surgido de las mismas y si se han llevado a la práctica o no.

Otra cosa que quiero saber es la relación de proveedores IT o no IT con acceso a los sistemas y a la red corporativa o que nos prestan los servicios en nuestras instalaciones. Y si alguno de ellos nos monitoriza 24 x 7.

Si han hecho un alineamiento o análisis de riesgo sobre NIST o similar.

¿Qué más? ¡Ahhh! Si hay o no en esta empresa una política de seguridad definida y si esta es conocida por el personal, los documentos de procedimientos de tecnología... Bueno, son muchas cosas, pero hay que ponerse con ello cuanto antes.

A Mel le escribiré preguntándole cómo está establecido, por el momento, el reporte de la información de seguridad, hacia Leo y más arriba. Me interesa saber si existe un canal, convocatoria o informe específico de Ciberseguridad hacia la Dirección de la empresa.

Me doy cuenta de que todavía no me han asignado usuario ni ordenador corporativo. Me siento incomunicado.

Salgo del despacho; están por allí Armando y Feliciano.

—Perdonad, ¿podemos hablar un momento?

—Claro —me dicen al unísono.

Entramos en la sala de reuniones y les explico que no tengo *e-mail* ni teléfono, pero que me gustaría ir conociendo todos los aspectos en los que había estado pensando esta tarde. Se lo refiero y trato de explicarles que me gustaría poder tener el acceso a la información, o bien que me vayan facilitando a partir de mañana o cuando tenga ya activada la cuenta de *e-mail*.

—Gaby, en cuanto al equipamiento, no te preocupes por eso, mañana lo tendrás todo listo —me dice Armando—. He preguntado al SAU: está ya solicitado. Vendrán mañana a ayudarte con ello —continúa—. Y respecto a lo que nos pides, lo vamos viendo, pero hay cosas que no me suenan de nada. Feliciano, ¿tú sabes quién puede tener la política y los procedimientos? Y los últimos análisis de riesgo, ¿eso no es de la gente de Riesgos? —pregunta Armando.

¡Madre mía! Menudo lío ha generado mi solicitud en la gente del departamento. Me da la sensación de que lo único que manejan a diario es el tema de incidentes.

Armando y Feliciano me preguntan tratando de que les aclare qué es exactamente lo que les pido.

Pregunto por Aranda y si él lo pudiera conocer.

—Ni idea —responden.

Son ya las seis de la tarde y les pregunto por su horario y por cómo se está gestionando el seguimiento operativo y de seguridad y si ellos están involucrados.

Como noto desconcierto e incomodidad a este respecto, les digo que, bueno, que mañana seguiremos, que para el primer día ya está bien. Aunque estoy mintiendo. Me parece que para el primer día no sé todavía nada de en qué clase de sitio me he metido.

Lo cierto es que siento que de aquí a un rato si todos nos vamos a casa no sé quién, si es que lo hay, y a quién van a llamar si ocurre alguna cosa.

La perspectiva no me ilusiona en absoluto. Hay más trabajo del que me pensaba.

Día 2

El acceso a esta empresa me sigue pareciendo de opereta. Como vine ayer, se acordaban de mí, de que salí y volví a entrar. Debe de ser que la gente de Cobros es muy popular por aquí.

Me han dado los buenos días y he entrado tan tranquilamente. Subo al despacho e inmediatamente entra Leo.

—Gaby, buenos días. Anda, vente, que vamos a conocer a tus amigos de Cumplimiento.

—Ah, ¡sí! Gracias, Leo. Precisamente quería ver ese y otros temas con Mel.

—Déjate de Mel. Odia el papeleo y todo lo tocante a normas y procedimientos; lo tendrás que ver con esta gente.

—Ayer le escribí para pedirle información. Lo fundamental, vamos: indicadores, incidencias, ¿qué más?, auditorías, si hay o ha habido un plan director, no sé, de todo un poco. Algo me envió, aunque no lo he podido analizar detalladamente. Hay cosas que quiero aclarar con él; hay unos documentos con iniciativas, varias propuestas de una consultora; una especie de plan director de hace un par de años. No aclara lo que se ha hecho y lo que no —le dije.

—Ya lo sé, ya lo sé. Me lo reenvió. Eso habrá que verlo con Legal y compañía. Bueno, no sé si sabes, aquí mandan mucho. ¡Más que yo!

—Vale, vale.

Atravesamos el pasillo y entramos en otra ala de la planta del edificio y ahí subimos por una escalera a otra planta. Un recibidor y otro pasillo. Entramos en una sala de reuniones. Creo que no sabría volver a mi despacho si me dejan solo allí en ese momento.

Entran dos compañeros. Leo hace las presentaciones.

—Chicos, os presento a Gaby, nuestro flamante CISO.

—Hola —les saludo tendiéndoles la mano.

Ella, que me han dicho que se llama Charo, me da dos besos.

—Soy la directora de Auditoría Interna.

Charo, edad indefinida; puede ser de mi edad o mi madre; ropa que no es barata pero espantosa.

—Y yo soy Javier, director de Asesoría Legal y Cumplimiento.

Javier, un poco estirado, pero pinta de buen tipo. Aunque no acaba de convencerme del todo. Manía tengo de prejuzgar...

—Un placer conoceros. De hecho, estaba deseando hacerlo.

Me hacen varias preguntas de cotilleo: que de dónde vengo, que si tengo familia, que si soy de aquí, etc. Me lo han preguntado, pero he notado que les importa un pimiento. Todos queríamos hablar de trabajo y ver por dónde íbamos. Yo mismo he sido el que ha roto el hielo.

—Pues veréis, ayer hice una relación de las primeras cosas que quería tratar y espero que en algunas me podáis ayudar. Concretamente, y como la mejor manera de empezar a trabajar en esta empresa, por un lado, quiero conocer los resultados de las últimas auditorías técnicas y de privacidad. Por otro, saber si existe una política de seguridad publicada y los procedimientos que la puedan vertebrar. Además, no sé si por vuestra parte a nivel contractual o mejor con la mesa de Compras conocen la relación de proveedores que interaccionan con nuestros sistemas.

Justo en este punto, Leo interviene para, entre bromas y veras, decir que no pida tanto, que aún os estáis conociendo.

Charo me comenta que, desde luego, cuente con ello.

—¿Qué te envío? ¿Las de los últimos dos o tres años? —pregunta. Y añade—: En cuanto a los procedimientos y demás, te los envío también, aunque casi prefiero que los veamos conjuntamente. Están un poco desactualizados —añade.

A Javier, el abogado y responsable de los demás temas de cumplimiento, se le veía como ausente, como si le aburrieran los asuntos de los que les preguntaba. Hasta que añadió:

—De todos modos, Gaby, tómatelo con calma, porque aquí las cosas llevan su tiempo. Si te parece, vente mañana por mi despacho y te pongo al día de los temas que te pueden interesar.

Noté que quería hablar conmigo sin testigos.

—De acuerdo. Mañana a las once te veo —le confirmo.

—Muy bien. Pues, entonces, nos vamos. Muchas gracias, chicos —dijo Leo.

Después, cuando volvíamos por aquellos enrevesados pasillos, que yo trataba de memorizar para volver mañana a ver a Javier, el abogado, Leo me hizo la siguiente confidencia:

—Ten cuidado con estos dos. Van a su bola y siempre están enredando. Tenme al corriente de lo que hables con Javier mañana y de lo que Charo te envíe o te cuente de las auditorías. No me fío de ellos ni un pelo.

—Bueno, tú los conoces desde hace tiempo. ¿Qué pasa? ¿Que te la han jugado alguna vez?

—Sí. Ya te contaré.

No quise seguir preguntando.

Cuando por fin regresé al despacho, tenía instalado en mi mesa un ordenador y un tipo me estaba esperando para entregarme un móvil y una *tablet*.

No sé por qué, pero me sentí como si me estuvieran entregando la espada y el escudo.

Día 3

En cuanto comencé a leer la documentación interna que me habían enviado desde Auditoría, me di cuenta de que el trabajo por delante iba a ser más largo y arduo de lo que había imaginado.

Entre lo que me llegó de Mel y esto que tengo ahora delante que me ha mandado Charo... ¡Qué galimatías! No hay papel que sea de menos de seis meses, todo es antiguo. Las conclusiones de las auditorías son muy amplias, pero, en definitiva, concluyen que está todo correcto.

Convoqué al equipo y les pregunté:

—Oye, ¿vosotros conocéis esta información?

Les enseño en mi pantalla uno de los procedimientos que me ha pasado Charo. Concretamente, uno acerca del alta de empleados en los sistemas.

—Sí, bueno, esa información la tenemos por ahí archivada en unos AZ —explica Armando.

—¿Qué? ¿Cómo en unos AZ?

—Sí. ¿Quieres que te lo traiga?

—No, no, déjalo, me lo imagino.

No le digo que alguno de los documentos que me han enviado desde Auditoría Interna tenía extensión *.wp; yo creo que no lo iban a entender...

Deben de notar mi desagrado, porque Armando, que, desde luego, es el que más me simpatiza, trata de tranquilizarme y me explica que a menudo reciben notas o memorándums desde Auditoría Interna recordándoles la necesidad de cumplir con los procedimientos y la política de seguridad.

—Vale, vale, sí, lo entiendo, pero ¿nadie en la Dirección de Mel o de este departamento ha visto alguna vez con ellos esa información para actualizarla? —pregunto.

—Pues la verdad es que no lo sabemos. A mí no me suena.

—¿Y a ti, Aranda?

—Ni idea, pero, Gaby, aquí nos tienes para lo que necesites.

—No se preocupen más del asunto por el momento, pues lo voy a tratar con Legal y Auditoría, y que, en todo caso, habrá que adecuar esa información a la realidad actual de la empresa o, casi mejor, a la que tengamos de aquí a un tiempo, porque tenemos cosas que ir revisando y mejorando. ¿No os parece? —les digo.

—Sí, claro —dicen los tres al unísono.

Cambié de tema y saqué otro asunto que me tenía bastante inquieto:

—Por cierto, ayer me quedé un poco preocupado con una cosa. Necesito que me digáis cómo se está manejando el tema de la gestión de alertas ante incidentes. Según hablé con Leo antes de entrar a trabajar aquí, recuerdo que me dijo que había monitorización 24 x 7.

—Sí, pero eso se lleva desde Infraestructura. Ellos llevan el primer nivel y miran la criticidad o necesidad de escalar o derivar —me dice Feliciano.

—Entiendo —le digo—, y las alertas saltan desde nuestras consolas, por lo que entiendo que no existe un servicio de gestión externo para esto.

—Así es.

—Vaya, pues eso es otra cosa que habrá que ver cómo mejorar.

Armando me dice que quizá sea una buena idea mantener una reunión con la gente de Infraestructura y que me den más detalles de la gestión de las alertas. La verdad es que me desconcierta un poco cómo están planteadas aquí algunas cosas, pero no les digo nada.

—Genial —les digo—. Pues sí, o si preferís pasarme su *e-mail* o su teléfono y ya me pongo yo en contacto con él. Por cierto, ¿cómo se llama?

—Es muy majo, te caerá bien. Se llama Teodosio.

—Muy bien.

¡Vaya nombrecito! Aquí tienen todos nombres especiales, desde luego.

Día 4

—Hola, Teodosio. ¿Qué tal estás? Gracias por atenderme tan rápido.

—Nada. Es un placer. Ya sabía que estabas por aquí y también quería conocerte.

—Oye, quería preguntarte por la gestión de las incidencias.

—Me alegra que me hagas esa pregunta. Nosotros, para gestionar la continuidad, tenemos desde hace tiempo establecidas unas guardias que las hace el personal de Infraestructura.

Con el tiempo, Leo y yo vimos que era una buena idea que estuviéramos también al tanto de algunos aspectos propios de seguridad, pero muy alineados a la operativa, como los fallos del sistema de respaldo, caídas de sistemas y cosas por el estilo.

—Desde tu departamento, alguna vez se nos pidió algo específico y así es como lo tenemos montado.

¡Ufff! Es la primera vez desde que estoy en esta empresa que alguien menciona y como de pasada al tipo que he venido a sustituir. No me he dado por aludido y le he dejado seguir.

—Como te decía, Gaby, lo tenemos así montado, pero la verdad es que lo suyo sería que vosotros o alguien distinto de Sistemas estuviera al tanto de las alertas de Seguridad. De hecho, quizá sería conveniente que le des un repaso a este asunto en su totalidad. Si estás de acuerdo conmigo, nos ponemos con ello. Tienes mi colaboración y apoyo.

—Tienes toda la razón. Te agradezco tu sinceridad y estoy del todo de acuerdo con tu punto de vista. Lo adecuado es que tanto la definición de las alertas y su gestión sea un tema de Seguridad.

Teodosio es un personaje. Lo poco que hemos hablado me ha parecido un tipo muy preparado, un gran profesional. Por otro lado, lleva como atuendo, encima de su ropa, una especie de chaleco de pescador muy usado, se ve que se lo quita únicamente para dormir. Muy elegante no es.

—Teodosio, si te parece bien, te envío lo antes posible unas convocatorias para poder tratar este asunto y establecer un plan de gestión. Estoy pensando en contratar un servicio externo específico para que reciban los *logs* que generan los sistemas y generar una serie de alertas y casos de uso para ver por dónde andamos. Creo que en este campo hay mucho por hacer. Oye, y si crees que hay algo más que deba saber, por favor, coméntamelo.

—Bueno, no sé. Ya irás conociendo la casa. Cuando estés al tanto de todo, ya hablamos.

¿Al tanto de todo? ¿Qué habrá querido decir con eso?

—Bueno, Teodosio, gracias.

Y me marché.

Veo que tengo un mensaje de Leo.

—Leo, soy Gaby. ¿Cómo estás? Dime.

—¿Qué tal te ha ido con Teo? Con Teodosio, quiero decir.

—Ah, muy bien. Me parece un tipo genial. Hemos quedado para seguir avanzando, hemos intercambiado algunas ideas y, la verdad, creo que estamos alineados. No sabía que estabas al tanto de nuestra reunión.

—Aquí se sabe todo. Bueno, en realidad, te llamaba para saber si has vuelto a verte con los de Legal y Auditoría.

—No. Ayer quedamos en vernos, pero hoy no nos hemos visto. Eso sí, Charo me ha enviado ya alguna información. Están las cosas para darle cariño, la verdad. Hay documentación, muy importante de cara a las auditorías, muy antigua, que nunca se ha actualizado.

—Bueno, lo que quería hablar contigo no es eso. En realidad, son dos cosas. La primera es que todo lo que hables con ellos mantenme al corriente.

—Sí, ya me dijiste ayer.

—Sí, hazme caso. Todo lo que venga desde ahí hay que mirarlo con lupa, no nos la vayan a jugar otra vez.

—¿Otra vez?

—Sí, bueno, ya te contaré.

¿Es cosa mía o en esta empresa son todos muy misteriosos?

—Lo otro que te quería comentar es que tienes que ir a una mesa redonda que organizan los del Círculo Digital, que siempre nos están pidiendo que asistamos a debates y saraos. Esta vez se trata de algo cíber y quiero que vayas; tenemos que tratar de hacernos algo más visibles. Hasta ahora no hemos ido a estas cosas. Póntelo como una tarea más, ¿eh?

***

Aquí, amigo lector, te haré una confidencia. Quizá en esta empresa no iban a mesas redondas, debates o saraos, como dice Leo, pero un servidor en otra empresa ha asistido a muchos. Prometo contarte en otro episodio las experiencias de un CISO en los diferentes eventos que se organizan.

***

Tras terminar la jornada, al salir de trabajar quedé a tomar algo antes de ir a casa con Jéssica.

Salimos juntos hace casi tres años y llevamos dos viviendo juntos. Ahora estamos mejor, aunque las cosas no han ido siempre bien, la verdad.

La sigo queriendo, aunque las cosas ya no son como antes. Tampoco sé si ella está del todo bien conmigo. Seguimos juntos y es mi apoyo en las muchas batallas de trabajo y familiares que he ido teniendo estos años.

Ella tuvo su propia empresa de exportación y le fue bien hasta la pandemia. Ahora anda un poco perdida trabajando para otros en proyectos que le van saliendo. Eso no va con ella, quiere su propio proyecto. Tras perder la empresa, su ánimo se ha ensombrecido. A menudo la toma conmigo, creo que sin razón. Vuelca en mí su frustración; quizá sea inevitable.

Es una tía lista y cariñosa. Es cojonuda. La echaré de menos. De alguna forma, sé que la perderé; lo doy por hecho y no sé por qué.

—Gabriel, que esa empresa es muy rara, que allí todos ocultan algo.

Jéssica es la única persona en el mundo que me llama Gabriel.

—Que no, Jess, lo que pasa es que a ti te encantan las películas. ¿Qué me van a ocultar?

—Pero ¿es que no lo ves? Si me lo cuentas, parece un *thriller*. Es como si nadie fuera quien dice ser y todos dicen eso de «ya te contaré». Pero ¿qué es lo que tienen que contar?

—Visto así, desde luego, pero quizá te da esa sensación por la forma en que te lo cuento. Yo, en vivo, no lo veo de esa manera. Bueno, apura la cerveza. ¿Nos vamos a casa?, ¿o hacemos algún recado?

—Gaby, en serio. Anda con cuidado. No te digo que esa empresa sea como un *cluedo,* pero ve avisado por lo que pueda pasar —me lo decía riendo, pero la notaba preocupada.

—Vale, vale —le dije riendo.

Aunque, en el fondo, pensaba que era una chorrada, los comentarios de Jéssica hicieron algún efecto en mí. No me di cuenta en ese momento, pero un miedo, una sospecha se apoderaron de mí. Esa noche, dándole vueltas, me costó dormir.

Día 5

A ver, recapitulando. Si es que, en el fondo, no he avanzado nada.

Por ir priorizando, tengo que mantener las reuniones con Legal y Auditoría para ver si sacamos algo en claro.

Y luego, con mi departamento y con Teodosio. Es que ni siquiera he empezado. Escribo a todos ellos, convocándolos enseguida para continuar con lo que cada uno de ellos había iniciado.

A excepción de Charo, la auditora, todos me postergan la reunión. Javier, de Legal, más de una semana y Teodosio me dice que me avisa, que ahora está hasta arriba.

—Charo, ¡ya estás aquí! Gracias por venir. Si tengo que llegar solo a vuestro departamento, me hubiera perdido.

—¡Ja, ja, ja! Es cierto, mucha gente dice que se pierde para llegar a Jurídico.

—Bueno, quería comentar contigo la documentación que me hiciste llegar y comentar también otros temas. A ver si me puedes ayudar. Estoy un poco sorprendido. La documentación interna que describe los protocolos y líneas de actuación está, a mi juicio, obsoleta. Hoy en día, esto es lo primero que te piden en las auditorías y revisiones. Por otro lado, ¿los aspectos de privacidad en realidad quién los lleva? ¿Javier?, ¿o los llevas tú? Te comento todo esto porque he preguntado al equipo de Seguridad y no están familiarizados con esto, cosa que me sorprende, y tanto Leo como Mel me remiten a ti y a Javier para todo lo relacionado con procedimientos y políticas.

—Claro, claro. Gaby, todo lo que sea procedimientos es nuestro. No deberías preocuparte por ello.

—Desde luego, yo comprendo que hay mucho componente de organización y procedimiento interno en el que la tecnología o, específicamente, seguridad no está involucrada. Te estoy hablando de los procedimientos que afectan a la gestión de aplicaciones, sistemas y usuarios. Como te decía, me da la impresión de que nadie los conoce y que están, si lo que me ha llegado es la última revisión, bastante demodé —le explico.

»Por otro lado, Charo, hay algo que no me cuadra demasiado. Ya te he comentado que la documentación está de esa manera; luego he visto alguna de las auditorías que me has facilitado. En ellas hay observaciones bastante vagas de aspectos muy generales. ¿Esas auditorías quién las ha realizado? ¿Vosotros internamente o ha sido con alguna auditoría contratada al efecto?

—Pues, Gaby, no sé ahora mismo, las hay de una manera y de otra.

Veía a Charo que se estaba incomodando, pero lo que estábamos hablando era vital para entender cómo estábamos y hacia dónde tenía que ir.

—Charo, lo que quiero decirte es que para saber por dónde empezamos en la práctica cíber necesito tener un mínimo de soporte procedimental y de política. Estoy viendo que hay muchas cosas por hacer; es cierto que no necesito ningún papel que justifique las acciones, pero aquí no hay de momento más que papeles anticuados y auditorías que no han aportado demasiado valor.

—Bueno, las auditorías son herramientas y yo creo que sí aportan valor. A lo mejor no están aún en condiciones de hacer esa valoración. Gaby, yo estoy aquí para ayudarte en lo que necesites. Tienes razón en que a los procedimientos hay que darles un vistazo y actualizarlos —continúa.

—Bueno, no he querido ofenderte con lo de las auditorías. Y gracias, nos ponemos con ello cuanto antes. Si no te parece mal, lo veo con el equipo de Seguridad y te hacemos una propuesta.

—Estupendo. Espero tus comentarios.

—Oye, Charo, y otra cosa.

—¿Sí?

—Mel me ha pasado información sobre un borrador. Bueno, en realidad, era una propuesta; una especie de pliego o plan de proyectos de seguridad. La verdad es que se trata de un plan que no está mal; es bastante ambicioso y cubre muchos de los *gaps* que en lo poco que llevo aquí salta a la vista.

—Sí, me suena, algo se habló.

—Lo he comentado con Leo y me dice que lo comente contigo, como que es cosa tuya.

—¿Cosa mía? No sé qué quiere decir Leo. A ver, ¡si ahora soy yo la directora de IT! ¿Cuándo has hablado con Leo de esto?

—Pues no sé, creo que ayer. Me comenta que lo vea contigo; que Mel está al margen de estos asuntos.

—Lo que te digo, ahora me pasan a mí sus trastos.

—Oye, Charo, que lo último que quiero es que te molestes. Mi idea es repasar toda la información que entre todos me habéis facilitado. Como te he dicho, te pasaré una propuesta de actualización de lo que sea la operativa técnica. Y perdona que vuelva al tema de las auditorías. En cuanto a los comentarios de las auditorías y demás, mi idea es elaborar un plan que recoja las necesidades que he detectado en cuanto a la gestión de incidentes, acceso a la instalación y varias cosas más. Hay cosas que se pueden aprovechar de las que ya se ha elaborado.

—OK, Gaby, pues ya lo vamos viendo.

—OK, lo vemos. Estoy deseando que despeguemos. Otra cosa, si no te importa, ya te he comentado al inicio de nuestra charla. Tengo pendiente reunirme con Javier. Solo una pregunta más. ¿Las cuestiones de privacidad son tuyas o las llevan en Legal?

—Buena pregunta. Que te diga él. Tengo que irme, Gaby, seguimos en contacto. Estás haciendo un gran trabajo.

—Gracias, Charo.

Tenía razón mi novia: aquí hay gato encerrado. Ya puedo ir con cuidado.

Día 6

Estoy hablando con Armando, Feliciano y Aranda, y la verdad es que da gusto. Ayer tras mi entrevista con Charo les dije que revisaran los procedimientos.

No solo se los han repartido equitativamente, han renombrado aquellos que son técnicos y ya los han revisado. Han aportado un montón de sugerencias y han incluido un cuadro de autores de revisión y de versiones.

—Pues por mi parte están aceptables. En cuanto a la gestión de altas y demás, lo más importante era revisar la política de contraseñas y, si hubiera que hacer ajustes, en el documento lo dejaremos reflejado. Y el resto han pegado también un cambio rejuvenecedor. Se los paso a Auditoría hoy mismo y le diré a Teodosio que modifique lo que sea de aplicación en los sistemas.

—Gracias por el trabajo. La verdad que me habéis quitado bastante curro.

Mel me había llamado para vernos, no nos cuadraba otra cosa que comer juntos.

—OK, yo de segundo lo mismo y de bebida una Coca-Cola Light —le digo al momento de comer.

—No bebas esas guarrerías en la comida, Gaby.

—Vale, cámbiamelo por un agua mineral.

—Lo que te decía, Leo puede decir lo que quiera, pero siempre les ha dado mucha coba a los de Legal y Auditoría.

—Bueno, parece que ahora quiere estar más encima, ¿no?

—Lo de que no se fía de ellos, a mí me lo ha dicho también. Pero, en realidad, no se fía de nadie. Gaby, en este caso concreto lo que ha pasado es que Charo y Javier, aunque en menor medida, se han metido en tu trabajo. Bueno, en el trabajo del anterior a ti, ya sabes lo que quiero decir.

—¡Hombre! Me lo estoy imaginando, pero explícate.

—Leo se ha ido fiando del criterio de Auditoría, es decir, que lo cíber y lo relativo a privacidad no era tanto tema técnico, sino legal.

—¿Cómo?

—Sí, Gaby. A mí me decía «no te metas en esto», que lo lleven los de Legal. La persona que estaba antes de que llegaras aportó muchas cosas, muchas ideas. Bueno, tenía sus limitaciones, como todo el mundo. Pero entre Leo y Charo no permitieron que prosperasen los planes que iba proponiendo. Leo opinaba que la seguridad no podía constituir otro IT en paralelo a los sistemas. Y que se trataba de proyectos e inversiones de cierto alcance, que no entendía.

—Pero ¿y tú qué postura adoptaste? Aquí tienes mucho que decir.

—Entre nosotros, no soy el directivo más valiente del mundo. Le insinué que era un asunto serio, que cada vez hay más componente de riesgo cíber. Pero también es verdad que desde Auditoría Charo, ya la conoces, no quería soltar ni ceder el discurso de qué supone riesgo y qué no supone riesgo para la empresa —me explica Mel—. Y Leo dio algo su brazo a torcer, movimos gente de algunos departamentos al equipo de Seguridad. En realidad, siempre han estado en precario —continúa.

—Bueno, es habitual que haya conflictos según puntos de vista o que se solapen determinadas responsabilidades —dije yo, pensando en lo complicado que se estaba poniendo todo.

—¡Ja, ja, ja! Es eso es lo malo. Que cuando hubo problemas, entonces no se asumieron responsabilidades.

—Ya sé por dónde vas a ir. Hubo un incidente, algo grave y entonces sí que miraron a Seguridad.

—Exacto. En realidad, no fue demasiado, hay mucha gente en la empresa que ni se enteró. Un servicio en internet para proveedores, lo tumbaron y estuvo tres días caído. Coincidió justo en un período de adjudicaciones y de renovaciones de servicios que son críticos para nosotros, porque, a su vez, los revendemos y hubo bastante lío en compras y operaciones. Pudo costar mucho dinero y rodó la cabeza del más débil. ¿Sabes qué? Justo incidió en asegurar ese servicio en concreto con un WAF. No le hicimos ni caso.

—Mel, me dejas de piedra. Te agradezco tu sinceridad y que me pongas al corriente de todo esto.

—Por cierto, no me llamo Mel. Ya sabes que aquí nos la tenemos tiesas con los nombres.

—¿Y cómo te llamas, entonces?

—Melchor. No quiero ni una coña. Sigue llamándome Mel. Y dile al camarero que nos traiga la cuenta.

Día 12

—Jess, ¡déjame! ¡Que me voy a cortar!

—¡Ay! ¡Qué tieso eres, Gabriel! ¡Y qué bueno estás! No te afeites, ¿por qué no dejas la barbita?

—Has venido tú muy guerrera de tu viaje.

—Te he echado de menos. Además, necesitas cuidados, que en esa empresa te están volviendo loco.

—¡Que no! A ver si te pongo al corriente de todo.

Mientras desayunábamos, comentábamos acerca de lo que Mel me contó la semana anterior.

—Jess, hasta donde te había contado, después de comer, ya en la oficina, me tranquilizó.

—¿Cómo? Porque nada de lo que contó en esa comida era como para estar tranquilo.

—Después del incidente y de que se cargaran a mi predecesor, que, por cierto, debía de tener un nombre muy normal, porque todavía no me han dicho siquiera su nombre.

—Se llamaría Óscar o Pedro, y, claro, con un nombre así, no tenía futuro en esta empresa.

—¡Ja, ja, ja! Debe de ser... Lo que te decía, es que las cosas se fueron calmando y, según me dice Mel, Leo y compañía tomaron conciencia de que lo que había pasado fue consecuencia de que minusvaloraron los riesgos cíber, que no eran un invento ni cosas de agoreros.

—¿Y entonces?

—Entonces, estoy yo. Según Mel, Leo tiene claro que me tienen que dejar hacer. En un principio, hasta quería llevar él mismo este tema, que yo dependiera de él, pero lo ha delegado en Mel. Casi mejor. Mel ya me ha dicho que no puede volver a ocurrir que se cancelen o, lo que es peor, que no se pongan en marcha medidas y controles básicos propuestos.

—¿Como qué?, ¿tan mal estáis?

—Pues sí. Hay mucho por hacer.

—¿Y por dónde vas a empezar?

—De momento, con una evaluación para revisar y alinear los sistemas y procesos con una norma estandarizada y sacar un plan director de proyectos de ciberseguridad. Me ha dicho Mel que empiece cuanto antes con las cosas más urgentes, incluso antes de terminar la evaluación. Ya hemos empezado a cambiar la política de usuarios, segmentar ciertos segmentos de red y agilizar el reporte y gestión de incidentes, que se van a llevar externamente y no por el equipo de Infraestructura. Ahhh, y en la recepción, cambiar el proceso de entrada a la empresa cuando llega una visita o algún envío. Los repartidores entraban y dejaban envíos particulares en los despachos de la gente. ¡Algo inaudito!

—¡Qué exagerado eres! Bueno, muchas cosas, ¿no?

—Estamos empezando.

—¿Y los de Legal?

—Finalmente, pude hablar con Javier. El misterioso jefe jurídico y de Cumplimiento. Me vino a decir básicamente lo mismo que Mel. Y que, a raíz del incidente, Leo se había convencido de la necesidad de independencia y apoyo al Departamento de Seguridad. Luego me contó algunas miserias que hay entre el Área Legal y Auditoría. Guerras internas y egos.

—Pero ¿te podrían afectar?

—Yo creo que no, pero he acordado con Javier que nos vamos a ver al menos cada dos semanas para intercambiar información y colaborar conjuntamente.

Epílogo

—Gaby, entonces, dentro de seis meses volvemos a revisar el plan. Si hay una cosa que urja ver antes, ya sabes dónde estoy. En cuanto al presupuesto, te digo lo mismo, cualquier cosa lo vemos, aunque espero no tener sorpresas.

—De acuerdo. Desde luego. Y, cualquier cosa, te aviso y lo vemos conjuntamente.

—Bueno, ya sabes que aquí ha habido otros tiempos y no queremos volver a ellos.

—Nooo —dijo Mel, que se estaba levantando de su asiento, impaciente por terminar la presentación del nuevo plan director de seguridad.

—Mel, gracias a ti también.

—No, Gaby. Dale las gracias a Leovigildo, que por fin ha visto claro qué es ciberseguridad.

—¿Leo qué?

—Leovigildo.

Zero-day

Feliz día de la marmota. Esperemos que no sea otro día aburrido en la oficina.

Harold Ramis, Groundhog Day

—¡Unas palabras!

La cuarta ronda de cervezas iba a ser historia. Un movimiento circular dedo arriba de Jose, de la PMO de Ciberseguridad, sentado a mi lado, entendido a la perfección por el camarero, indica el camino hacia la quinta. Qué bien gestiona este hombre. La diferencia entre el gesto de «otra ronda» y el de «la cuenta» es sutil, pero en manos capaces se ejecuta sin problema. Además, vestido con americana y apariencia impoluta. Con el mérito añadido de ser viernes.

El que había sido mi equipo hasta hace una semana, con el que había pasado tantos días buenos y algunas noches toledanas, los que habían sido mi familia al otro lado del atasco mañanero me pide hacer el ridículo, justificadamente, «¡por desertor!», dicen los quince.

Allá vamos. Aclaro un poco la garganta, me pongo en pie. La servilleta de mis piernas cae al suelo, la recojo y coloco encima de la mesa. Alguno ya se ríe. Público fácil. A cumplir:

—Solo puedo daros las gracias por estos últimos cinco años...

—¡Cuatro y medio! ¡Que entraste después que yo! —acota Toni.

Qué poco se parece a Jose. Él habría pedido la cuenta y habría echado la culpa al camarero por no entender el gesto. Reformulo:

—Solo puedo daros las gracias por estos últimos cuatro años y siete meses, según el último informe de vida laboral que saqué hace tres días para ver si me habían dado bien de alta. Casi cinco, como Toni. Si llego a saber que me ibais a regalar un jamón el día de mi despedida, me habría ido mucho antes. O muchas más veces.

Risa generalizada. Se confirma que nadie en esa mesa había ido a ser exigente con los chistes. O que quizá no hacían falta más rondas.

Continúo, intentando cambiar el tono para sonar más serio. A la altura de la situación, pero me conozco y sé que se me va a quebrar la voz. Qué pena me da haber dejado de trabajar con ellos. Sé que he hecho lo correcto. La oportunidad era de las irrechazables de verdad, no de las «irrechazables» de entrevista de salida de una consultora de medio pelo que te explotó cuando eras un becario en prácticas sin la carrera terminada, a precio sénior. Pero, aun así, qué buen equipo dejo. Les voy a echar de menos.

—Nos lo hemos pasado muy bien todo este tiempo. He tenido la suerte de aprender muchísimo de vosotros. Me queda que este mundo es muy pequeño y espero que coincidamos de nuevo en el fut...

Suena un teléfono móvil en la mesa. Nadie lo atiende. Nadie lo silencia. Cuatro infinitos segundos después, sigue sonando, cerca de mí. Nos miramos. Ni idea. Jose levanta la servilleta que había dejado en la mesa al levantarme y ahí aparece el origen. Es mío. El flamante móvil de empresa que me dieron ayer y que tengo que poner en modo vibración en cuanto cuelgue. Odio los tonos. Por supuesto, el número es desconocido. Tengo dos registros en la agenda, hubiese sido bastante suerte que fuese uno de ellos. Respondo:

—¿Sí?

—¿Francisco Javier?

—Paco. Sí. ¿En qué te puedo ayudar?

—Soy Ana, nos conocimos ayer.

Ayer conocí a unas veinte personas y no soy especialmente bueno para las caras. Menos para las voces.

—Sí... —digo, exagerando los puntos suspensivos para hacer lo más evidente posible que no tengo ni idea de quién es y gestionar este momento de la forma menos dolorosa para ambos.

Mientras, aprovecho para sentarme de nuevo en la silla, cuando me doy cuenta de que parezco Miguel Gila con el teléfono de pie y todos los demás sentados mirando.

—De Seguridad en Desarrollo. Quiero decir, del equipo DevSecOps, que todavía no me acostumbro. No sé si recuerdas —dice Ana.

Benditos puntos suspensivos. Ya sé quién es. Tengo una reunión con ella el miércoles para que me cuente cómo están trabajando con los desarrolladores, cómo se monitoriza, qué se analiza, cómo gestionan y priorizan las vulnerabilidades encontradas. En general, qué hacemos con el código. Empezando por a qué llamamos código y cuánto de «eso» hay.

Antes como arquitecto de ciberseguridad esto era mi día a día, mi responsabilidad, como me gustaba decir, para llamarme responsable y creérmelo fuera de LinkedIn. Ahora, siendo el CISO, quiero ser uno de esos que ayudan en primera línea conociendo los problemas técnicos. Me gustaría ser como Laura, mi exjefa, sentada a mi izquierda, que se había desentendido de la conversación y revisaba su móvil sacado del bolso aprovechando la coyuntura, aun sabiendo perfectamente que no era el que sonaba.

—¡Claro! ¡Cómo no voy a recordar! Dime, Ana.

—Ha llamado el SOC diciendo que están empezando a encontrar en nuestro perímetro indicadores de una serie de ataques relacionados con un *zero-day* que se liberó hace unas horas. Es de Apache Struts. No tenemos muy claro cómo nos afecta. He hablado con los desarrolladores y la verdad es que no tienen ellos tampoco idea de por dónde tirar. Además, un viernes a esta hora...

Siempre es un viernes a esta hora.

A la izquierda, Laura levanta la cabeza del móvil.

—Lo de Struts, ¿no?

Parece que a ella le estaba llegando la noticia vía Teams. Sentado cerca de la puerta, Jorge, recién ascendido a mi antiguo puesto, también mirando el móvil, en este caso un grupo de Telegram, se rasca el lateral de la frente entornando los ojos mientras por ellos pasa la película en blanco y negro del fantástico fin de semana que había planeado y que ya no va a ocurrir. La proyección acaba con ese típico final de celuloide ardiendo. Hasta lo puede oler. Muchos de estos viernes a esta hora.

Sí. «Lo de Struts» es. Se acaba la fiesta. Empieza la fiesta. Volviendo al teléfono:

—No te preocupes, Ana. Tendremos que adelantar un poco nuestra reunión del miércoles. Me conecto dentro de veinte minutos, montamos una reunión y buscamos la mejor solución.

***

No puedo mantener los ojos abiertos. El reloj marca las cinco y cincuenta de la madrugada. Al menos, estoy en casa. «Algo bueno trajo la pandemia», decimos, para casi todo, los antisociales. Desde las cuatro de la tarde de ¿ayer? Tras la llamada del bar, han pasado algunas cosas:

- Lo que empezó siendo una reunión para hacer un punto de situación con Ana acabó siendo una *war room* en la que tuvimos que invitar, de manera progresiva, a la práctica totalidad de los responsables de Tecnología, desarrolladores, *team leads* y al equipo completo de Ciberseguridad. Muchos no sabían ni qué hacían ahí.
- Descubrimos que la vulnerabilidad afectaba a uno de nuestros servicios expuestos más críticos, por lo que tuvimos que improvisar ciertas decisiones. La primera, apagar ese servicio.
- Apagar ese servicio hizo que dejasen de funcionar otros cuatro servicios. Mirando por qué habían dejado de funcionar, descubrimos que tres de ellos pararon porque estaban relacionados con el servicio apagado, pero el cuarto había dejado de funcionar porque también era vulnerable y la PoC del *exploit* que lanzaron desde alguna IP kazaja, afortunadamente, todavía no estaba muy fina y mató el servidor.

Algo bueno debía de tener la poca resiliencia del servicio, que no fue capaz de reiniciar.

- Tras la prueba empírica de que no estamos muy seguros de dónde tenemos la librería vulnerable, trabajamos en seguridad perimetral para intentar mitigar el impacto de los ataques que estamos recibiendo.

- Empezamos cerrando la entrada a los rangos de IP que nos comunica el SOC como origen de algunos ataques que están identificando en sus IoC.

- Metemos dentro de los orígenes baneados uno de nuestros *proxies* de navegación, empieza a fallar todo, creemos que ya nos han vulnerado la infraestructura.

- Nos damos cuenta del error, lo arreglamos y volvemos a respirar.

- Los ataques siguen llegando, así que pasamos la estrategia a la capa 7 y desde WAF empezamos a dropear llamadas con los *payloads* de los *exploits* que nos van pasando en diferentes canales de IoC.

- Vemos cómo paramos cientos de ataques, pero nos damos cuenta de que algún otro servicio está cayendo. Tras mirar por qué, vemos que están empezando a utilizar codificaciones creativas para saltarse nuestras reglas.

Intentamos ponernos creativos nosotros también con las reglas y volvemos a autodenegarnos el servicio.

Lo arregla el equipo de Operación de Seguridad mientras estoy dando explicaciones al CIO y a los directores de las distintas áreas de negocio. Estoy conociendo el organigrama hoy. Mi teléfono ya tiene diecinueve contactos. Me he vuelto bastante popular.

Los equipos de Desarrollo han estado todo este tiempo, desde la primera parte de la *war room,* haciendo búsquedas en todos los repositorios —que conocen— de manera manual referencias a esa librería y pasan una primera lista de servicios potencialmente vulnerables.

Comienzan a subir versiones en todo lo que han encontrado, priorizando los servicios expuestos —que conocen—. A muchas de estas subidas hay que dar marcha atrás porque la última versión no es compatible con otros componentes. Hay que pasar todos los test en cada cambio. Para los que hay test.

- Saltan un par de alertas relacionadas en el IPS sobre escaneos de puertos y actividad ilícita desde uno de los controladores de dominio. Tráfico poco habitual de salida. Modificación de parámetros de auditoría en servidores críticos.
- Caliento la cafetera.

Y ahora, con el aroma del café acariciándome, echando los hombros hacia atrás escuchando el lamentable crujido de mis escápulas, que preguntan por qué no he tocado la cama aún y, sobre todo, por qué me pareció que la silla Markus del IKEA era la apropiada para estar catorce horas de incidente. Ahora mis ojos se cierran.

—¡Unas palabras!

Dos palabras que provocan un escalofrío que escala por mi columna vertebral hasta levantarme los párpados. Que no sé si habían llegado a cerrarse. O por cuánto tiempo. Estoy paralizado. Ha desaparecido el aroma del café, mi mesa, mi casa, mi silla Markus. A mi derecha, Jose levanta la mano; inequívocamente, pide otra ronda.

¿Estaré soñando?

¿He perdido la cabeza por completo?

¿Mi cerebro corría Apache Struts y el kazajo está cacharreando? Esto es probable que no. Espero. Ya tengo edad para estar hecho en Cobol.

La realidad, si es lo que tengo delante, es que un grupo que ocupa medio bar, delante de mí, espera que diga unas palabras. Hasta que descubra lo que ocurre, tendré que hacer algo. Me pongo en pie, se me cae la servilleta, la recojo.

—Solo puedo daros las gracias por estos cin... Poco más de cuatro años y medio.

—¡Entramos casi a la vez! —dice Toni. Siempre tiene que decir algo.

—En fin, que si llego a saber lo del jamón me voy antes.

La del jamón vuelve a funcionar incluso tirado con desgana. Continúo. Necesito saber qué está pasando, pero antes termino el *speech*. Noto que estoy resumiendo, pero, sinceramente, la pena de cambiar de trabajo ha pasado a un segundo plano, me preocupa un poco más lo que está ocurriendo en mi cabeza. O fuera de ella. O yo qué sé.

—Nos lo hemos pasado muy bien todo este tiempo. He tenido la suerte de aprender muchísimo de vosotros. Me queda que este mundo es muy pequeño y espero que coincidamos de nuevo en el fut...

Suena el teléfono. No puede ser. Odio los tonos. Esta vez no he necesitado la ayuda de Jose para encontrarlo, aunque he tardado igualmente en levantar la servilleta. Supongo que por miedo. Lo descuelgo sentándome. Mientras, miro alrededor buscando la cámara oculta y el ramo de flores. ¿Iturriaga sigue haciendo estas cosas?

—¿Sí?

—¿Francisco Javier?

—Paco... Sí. ¿En qué te puedo ayudar?

—Soy Ana, nos conocimos ayer.

—Claro. Ana, Seguridad de Aplicaciones, tenemos reunión el miércoles.

Ana continúa con tono de aprobación tras mi demostración de memoria. Si ella supiera... Contesta:

—DevSecOps nos llamamos ahora, que nos tenemos que acostumbrar al nombre del equipo. ¿Puedo comentarte un problema?

—Claro.

—Ha llamado el SOC diciendo que están empezando a encontrar en nuestro perímetro indicadores de una serie de ataques relacionados con un *zero-day* que se liberó hace unas horas. Es de...

—Apache Struts —digo convencido, no podía esperar a que terminase la frase.

—¿Apache Struts? No, de eso no sé nada. Es una librería que se llama Log4j, de temas de trazas en aplicaciones Java. No tenemos muy claro cómo nos afecta. He hablado con los desarrolladores y la verdad es que no tienen ellos tampoco idea de por dónde tirar. Además, un viernes a esta hora...

Esto es nuevo. Bueno, lo del viernes no. Me quedo unos segundos pensando, que Laura aprovecha para levantar la cabeza de su móvil y decir:

—¿Lo de Log4j?

Pues parece que sí. Lo de Log4j.

—No te preocupes, Ana. Me conecto dentro de veinte minutos, montamos una reunión. Ve avisando al equipo de Desarrollo y de Infra, ponlos en situación. Puede que esto sea largo.

Sentado cerca de la puerta, Jorge vuelve a echar de menos lo que iba a ser su fin de semana. Es inequívoca la cara de aquel que pierde el factor sorpresa sobre las leyes fundamentales de Murphy. Como casi todos los de esa mesa. Va con la profesión.

***

Las seis menos diez de la mañana. Al menos, estoy en casa, «algo bueno trajo la pandemia». Han vuelto a pasar algunas cosas:

- La reunión empezó siendo una *war room*.

- Descubrimos que la vulnerabilidad afectaba a uno de nuestros servicios expuestos más críticos. Lo apagamos. ¿Qué más podíamos hacer?

- Dejaron de funcionar otros servicios, entre ellos algunos *batchs* «que-no-pueden-parar».

- Volvimos a encenderlos. Nos los tiran desde una IP ucraniana. Afortunadamente, todavía el *exploit* no estaba muy fino, como nuestros servidores.

- Desde el principio, dimos por hecho que no sabemos dónde tenemos esa librería. Además, es transitiva en muchos paquetes... Esto pinta mal. El *grep* se nos queda corto. Trabajamos en seguridad perimetral para intentar mitigar el impacto de los ataques que estamos recibiendo.

- Empezamos cerrando la entrada a los rangos de IP que nos comunica el SOC como origen de algunos ataques que están identificando en sus IoC.

- Casi metemos dentro de los orígenes baneados uno de nuestros *proxies* de navegación.

- Aviso pronto y no lo metemos.

- Los ataques siguen llegando, así que pasamos la estrategia a la capa 7 y desde WAF empezamos a dropear llamadas con los *payloads* de los *exploits* que nos van pasando en diferentes canales de IoC.

- Vemos cómo paramos cientos de ataques, pero nos damos cuenta de que algún otro servicio está cayendo. Tras mirar por qué, vemos que están empezando a utilizar codificaciones creativas para saltarse nuestras reglas.

- Intentamos ponernos creativos nosotros también con las reglas y volvemos a autodenegarnos el servicio.

- Lo arregla el equipo de Operación de Seguridad mientras estoy dando explicaciones al CIO y a no sé cuántas personas más.

Al final, no tengo tan claro el organigrama como yo creía. ¿Ayer? Bueno, que son muchos jefes.

- Los equipos de Desarrollo han estado todo este tiempo, desde la primera *war room,* haciendo búsquedas en todos los repositorios —que conocen— buscando referencias a esa librería y pasan una primera lista de servicios potencialmente vulnerables.

- Comienzan a subir versiones en todo lo que han encontrado, priorizando los servicios expuestos —que conocen—. Con sus *petes* y *rollbacks* de rigor.

- Saltan un par de alertas relacionadas en el IPS sobre escaneos de puertos y actividad ilícita desde uno de los controladores de dominio. Tráfico poco habitual de salida. Modificación de parámetros de auditoría en servidores críticos.

- Caliento la cafetera.

He perdido. Otra vez. Qué cosa más incómoda de silla. Me cruje la espalda. Respiro profundo... Quizá todo esto está siendo solo un mal sueño. Pongo mis manos detrás de la cabeza, mirando hacia arriba.

Dejo de mirar. Cierro los ojos.

—¡Unas palabras!

¿Por qué no me sorprende? Y si no me sorprende, ¿por qué he dado ese salto de la silla?

Bill Murray lo llevaba mejor que yo. A él no le atacaban en cirílico cada día.

Jose levanta el gesto pidiendo la quinta ronda. Apoyo mi mano en la hombrera de su americana; arrugo la cara con un gesto a medio camino entre asco, cansancio y preocupación para pedirle que no me incluya en esta ronda mientras, además, niego con la cabeza. Sorprendido, pero sin preguntar, por el gesto de mi cara, Jose le dice al camarero que una menos. Habrá supuesto algún tipo de indisposición fisiológica. ¿Hay una seña para «una menos»? El caso es que parece que le ha entendido. Menudo artista.

Antes de levantarme de la silla, movimiento que ejecuto como si pesase tres toneladas o tuviese edad de disfrutar regando un suelo de cemento con la manguera, quito la servilleta de mis piernas y la doblo al lado de mi nuevo móvil del trabajo. Me dan ganas de apagarlo, pero, simplemente, mantengo pulsado el botón lateral de silenciar.

—Recuerdo mi primer día hace cuatro años y pico. Entrar poco después que Toni en el equipo hizo que me recibierais con los brazos abiertos y con esperanza de no haber fichado dos iguales.

Ya que iba a hablar, al menos que lo haga por alusiones justificadas.

—¡Se gastaron el presupuesto conmigo! Ficharon después con lo que quedaba —contesta Toni.

Tengo que reconocer que ha sido buena. Seguro que no lo ha pensado ahora, pero me ha hecho gracia. Me sirve para continuar.

—¡Ahora que me voy te vuelves gracioso! —contesto.

Risa generalizada. Cómo nos gustan los ataques gratuitos en esa mesa. Con esto me ahorro el chiste del jamón, nunca me había terminado de convencer. Sigo:

—Nos lo hemos pasado tan bien como ahora todo este tiempo. He tenido, además, la suerte de aprender muchísimo de vosotros. Me queda que este mundo es muy pequeño y espero que coincidamos de nuevo en el fut...

Comienza a vibrar el móvil encima de la mesa. Qué gusto me da que no suene. Tanta es la pereza que me da lo que me espera que, en vez de cogerlo, comienzo a pensar en que los móviles ya no se mueven del sitio al vibrar. ¿Vibrarán menos?, ¿o solo diferente? Cuántas veces saltó de la mesilla mi Nokia N70. Es probable que menos de las que le hubiesen apetecido si hubiera tenido conciencia de sí mismo. Quizá en breve, con el ritmo que lleva la inteligencia artificial, veamos más móviles saltando al vacío huyendo desesperadamente de ser vehículos para otros TikTok y Tinder. Jose me señala con la mirada el origen del zumbido, regreso de mi ensoñación sobre móviles suicidas que sueñan con ovejas eléctricas, me siento en la mesa y descuelgo.

—¿Sí?

—¿Francisco Javier?

—Paco... Sí. ¿Qué tal, Ana?

Un pequeño silencio.

—¿Tienes mi teléfono guardado? No recuerdo habértelo dado.

—Es que tengo buen oído para las voces. Ana. DevSecOps, tenemos reunión el miércoles.

—Sí. Te llamo por otra cosa. ¿Puedo comentarte rápido?

—Un viernes a esta hora. Me pillas perfecto, dime.

—Ha llamado el SOC diciendo que están empezando a encontrar en nuestro perímetro indicadores de una serie de ataques relacionados con un *zero-day* que se liberó hace unas horas. Es de Spring-boot. No tenemos muy claro cómo nos afecta. He hablado con los desarrolladores y la verdad es que no tienen ellos tampoco idea de por dónde tirar.

Ahora Spring-boot. Respiro dos veces con la profundidad de hacerlo de manera consciente. Laura aprovecha esos segundos para levantar la cabeza de su móvil y, antes de que pueda decir nada, le digo, derrotado:

—Lo de Spring-boot. Sí.

Asiente.

Vuelvo al teléfono.

—No te preocupes, Ana. Me conecto dentro de veinte minutos, montamos una *war room*. Ve avisando al equipo de Desarrollo y de Infra, ponlos en situación. Esto va a ser largo.

Cuelgo tras la confirmación al otro lado de la línea. Miro hacia la puerta.

—Jorge, espero que este finde no tuvieses nada que hacer. Nuevo plan —le digo.

Levanta la vista del Telegram y se encoge de hombros en respuesta, con una ligera sonrisa que parece nostálgica. Me gusta suponer que se está acordando de los incidentes que hemos vivido juntos durante estos años. Al menos por ese recuerdo, dibujo yo también media sonrisa pese a todo.

A por ello.

***

Van a ser casi las siete de la mañana. Estoy cansado. A punto de encender la cafetera. El SIEM parece un árbol de Navidad. Otra vez. Hemos vuelto a perder. El directorio activo está comprometido, aunque todos nos hemos dejado la piel, otra vez. No hemos cometido los mismos errores: hemos cometido otros nuevos.

La última hora la he pasado al margen del incidente. Pensando. En este y los anteriores. Comprendiendo que no perdía la partida cuando me vulneraban el directorio activo, sino que había sido mucho antes. Y quizá no la he perdido yo hoy, que acabo de llegar. O, siendo sincero, no la he perdido aquí, aunque sí en otras ocasiones. En la que se está comiendo Jorge, por ejemplo.

Todo esto se perdió hace meses, cuando no se hizo un buen inventario de aplicaciones y sus componentes. Esa CMDB que mostraba la foto de la comunión de una infraestructura que peina canas. Cuando no se decidió poner foco, por defecto y desde el principio, en aspectos básicos de ciberseguridad en el entorno de Desarrollo con procesos y herramientas que nos ayudasen a identificar riesgos, vulnerabilidades y nos capacitasen para remediar cuanto antes lo que pudiese ocurrir en esos servicios. Cuando decidimos que DevSecOps significaba no abrir tiques de Infraestructura porque nos lo guisamos todo en Desarrollo, en vez de verlo como una oportunidad para integrar Ciberseguridad, como cambio cultural, en todos los procesos y equipos, de manera ágil; haciendo que solucionar este tipo de incidentes, que van a ocurrir siempre, los viernes, tuvieran el mínimo impacto. No lo hemos perdido ahora, pero hemos perdido.

Qué bien huele el café. Sigo sin tener claro si he perdido la cabeza, además de un par de bases de datos con información personal de clientes. Pero, ahora mismo, solo me apetece apreciar el aroma a buen café, tueste natural, recién molido en superautomática comprada en la pandemia, que algo bueno tenía que traer, mientras desprecio esta maldita silla. Me anima a cerrar los ojos, supongo que preparándome para mis palabras «por desertor».

El estruendo del camión del reciclaje, vaciando el contenedor de vidrio en la calle, termina con mi sueño. Qué ruido más desagradable. Dan ganas de no reciclar una botella más. ¿No pueden hacerlo a otra hora? ¿Qué hora es? El café, frío, al lado del teclado. El ordenador suspendido. El monitor con ese LED naranja inútil parpadeando. Cojo el móvil con más notificaciones de las que puede mostrar. Las ignoro. De todo lo que hay en la pantalla, solo me interesa la hora. Las nueve. Nada trágico.

Un momento.

¿Y el bar?

¿Se acabó?

Vibra el teléfono.

—¿Sí?

—¿Paco? —Era Ana, inconfundible voz.

—Hola, Ana. Buenos días. Dime.

—Nada. Solo comentarte, estamos parcheando, restaurando *backups,* rotando credenciales y certificados, etc.

—Gracias, Ana. Nos costará salir de esta unos días. Y muchas reuniones con explicaciones. De esas me ocupo yo. Cuando terminemos de arreglar todo esto, tenemos que reunirnos y hablar de *security by default*. Tenemos el hueco perfecto el miércoles para empezar.

Mi diario

¿Quieres un imposible? ¡Aquí estoy para hacerlo realidad!

SALVADOR DALÍ

En este capítulo, basado en hechos reales, vamos a tratar de enlazar diferentes anécdotas que uno, como responsable de seguridad, se puede encontrar en su día a día y las diferentes maneras de lidiar con ellas desde una vertiente más o menos humorística, porque no nos engañemos, la realidad suele superar ampliamente la ficción cuando uno se pone a pensar en cómo es posible que sucedan ciertas cosas.

Diario de un día cualquiera en la vida de un CISO

8:30 Llegada a la oficina. Me he levantado a mi hora; no he tenido que perseguir demasiado a mis hijos para que se duchen, desayunen y se vistan; el tráfico habitual, sin incidencias reseñables y hemos llegado diez minutos antes de la apertura del colegio. Hoy va a ser un buen día, sin duda —es importante destacar la actitud positiva que uno tiene que tratar de llevar al trabajo—.

9:00 Después de tomar un café con el equipo y de comentar brevemente algún programa televisivo del día anterior, ¡nos ponemos al lío!

✓ Reviso las alertas del DLP y me encuentro que, después del envío del *newsletter* en la tarde de ayer, que viene catalogado como confidencial, lo que según la norma interna de clasificación de la información marca que es de uso interno, se han producido treinta y dos intentos de reenvío de este a cuentas ajenas a la empresa.

✓ Profundizando en los datos un poco más, veo que los intentos de reenvío han sido realizados por un total de diez usuarios. Vaya, a pesar de salir un mensaje tipo «Alerta, has intentado enviar a un correo no corporativo información confidencial. El sistema ha bloqueado el envío por ir en contra de la política de la empresa», varios usuarios han realizado tres, cuatro e incluso cinco intentos de enviar la información.

✓ Al revisar los nombres, veo que un miembro de la Dirección de IT es la persona que más intentos de reenvío ha realizado, ¡yuhuuu!

Moraleja 1. El apoyo por parte de la Dirección en las medidas y controles de ciberseguridad es fundamental para el éxito de estas. Si la Dirección no se siente parte de las medidas establecidas, intentarán evitarlas o considerarán que no les aplica a ellos.

10:00 Bueno, ha sido solo una anécdota curiosa, pero no vamos a permitir que eso me arruine el día ni mucho menos. Repaso los correos electrónicos y, cuando estoy sumido en mi concentración contestando algún que otro correo, me parece oír un ruido de fondo.

Levanto la cabeza y sí, efectivamente se acerca una usuaria, que ya pasó los cincuenta años, con cara de pocos amigos, diciendo en un tono bastante alto y un pelín agresivo:

—¡¿Dónde están los de Seguridad?!

Yo, obviamente, trato de hacerme pequeño en mi silla pensando que igual no me ven y me ahorro el tema, pero cuando veo que hay tres personas señalando al área que ocupamos nosotros, veo que no hay escapatoria y toca afrontar «la encuesta de clima».

—Bienvenida al Área de Seguridad de esta nuestra gran empresa. ¿En qué podemos ayudarte?

—¡¿Quién es la persona que lleva el *proxy* de navegación?!

Veo el cielo abierto y señalo rápidamente a la persona del equipo responsable, pero recuerdo mi propósito del año de ser buena persona y le digo que se acerque y vemos el tema entre los tres.

—¿Cuál es el problema?

—No me llegan las notificaciones de Badoo al correo corporativo y no puedo acceder a la aplicación web desde la oficina.

Tras mirarnos durante unos breves microsegundos, intentando contener la incredulidad ante la queja, le comentamos:

—Efectivamente, no se permite el acceso las páginas relacionadas con redes sociales en general, que no tienen un fin profesional. Y el *proxy* de navegación las bloquea automáticamente. Adicionalmente, no está permitido registrarse con la cuenta de correo corporativa en aplicaciones de uso personal.

Tras esta profesional respuesta, entendemos que la persona entenderá la situación y bastante tiene con haber intentado reclamar algo con tan poco sentido, pero...

—Pues que sepáis que esto es denunciable, ¡porque estáis limitando mi vida social y mis posibilidades de encontrar pareja y no tenéis ningún derecho!

A veces es difícil concentrar tu energía en ser positivo y conseguir mantener la compostura, pero recuerdo mi reciente curso de *mindfulness* y mis sesiones de *coaching,* donde tratamos la resolución de conflictos, y respiro hondo, conecto con mi paz interior y decidimos que siga fluyendo la paz y el amor.

—En la política corporativa, se define claramente el uso aceptable de los recursos que te facilita la empresa para uso profesional. En cualquier caso, puede presentar una queja a Recursos Humanos y estudiaremos si es necesario modificar la política de la empresa o si hay algún error en la categorización automática de los sitios web que hacen este tipo de soluciones.

—Por supuesto que lo haré, ¡faltaría más!

Una vez que la usuaria nos deja, nos cuesta unos segundos salir de la perplejidad de lo que acabamos de vivir, pero, por más que busco las cámaras ocultas, parece que no se trataba de una broma. Efectivamente, esto acaba de pasar.

Moraleja 2. Es importante establecer el uso adecuado de los sistemas de información de la empresa, dejando claro los fines que están permitidos y denegando todo el resto de los usos que se les puedan ocurrir a los imaginativos usuarios de nuestra empresa. Si esta política no se encuentra formalmente definida, aprobada por la Dirección y a disposición de todos los trabajadores de la empresa, será difícil exigir el cumplimiento a todos y cada uno de los trabajadores.

12:00 Ya no tengo claro si va a ser tan buen día, pero intento mantenerme positivo mientras veo llegar al director financiero por la puerta, con cara de pocos amigos, y pienso qué poca gente viene a dar las gracias por lo seguro que es el entorno de trabajo, la cantidad de correo basura que evitamos que llegue a los buzones y la cantidad de veces que habremos evitado que les roben los datos o incluso el dinero a muchos de nuestros trabajadores.

—¡¿Qué carajo habéis tocado, que no puedo comprar entradas para el partido del Atlético de Madrid vs. Valencia de este fin de semana?!

Tras darle la misma explicación que a la usuaria anterior y explicarle que las categorizaciones de las webs las hace automáticamente el fabricante del *proxy* de navegación.

Tras acordarse de varios miembros de nuestras familias, le recordamos que puede comprar las entradas a través de su dispositivo móvil, por ejemplo, aunque en esa pantalla «no se vea nada», según nos comenta.

Moraleja 3. Las normas hay que aplicarlas a todos los usuarios por igual, tanto al director financiero que quiere unas entradas para el fútbol como a la usuaria que quiere tener una cita romántica el fin de semana.

El administrador del *proxy* de navegación, una vez que se va el director financiero, me recuerda que para el Rayo sí se pueden comprar entradas, porque él es del Rayo a muerte y eso no lo quita.

Moraleja 4. Hay que ser más del Rayo —posiblemente esto sea una licencia del autor a modo de nota de humor—.

13:30 ¡Por fin la hora de comer! Qué bonito momento del día en que poder departir con tus compañeros, algunos días con los compañeros de departamento, para hacer equipo, otros días con compañeros de otras áreas, de manera que acerquemos posturas y aprendamos unos de otros, tanto a nivel profesional como a nivel personal, creando un clima de conexión, que seguro que será útil en el futuro cuando tengamos que tratar temas que nos afecten a todos. ¡Algún día comeremos con el jefe incluso! ¡Je, je!, que siempre está bien salir del entorno puramente profesional y poder hablar de cualquier otra cosa con él. Y, por supuesto, habrá también días de comer todos mezclados, es decir, tres de Seguridad, uno de Soporte, uno de Cloud, dos abogados y otra persona de Recursos Humanos.

Moraleja 5. Disfruta de conocer personas nuevas; de enriquecerte con tus superiores, con los miembros de tu equipo y con el resto de los trabajadores de tu empresa. Siempre podrás encontrar gente que te ayude a desarrollarte como persona y como profesional y de los cuales podrás aprender infinidad de cosas mientras disfrutas de un rato ameno y distendido que nos ayudará a refrescar la mente y volver con energía al trabajo para pasar una tarde genial y productiva.

Moraleja 6. Si optaste por pedir la fabada asturiana completa y el codillo o entrecot de segundo, lo de la tarde productiva no aplicaría, que bastante tendremos con no dormirnos.

El humor negro de la era digital

Si gastas más en café que en seguridad informática, serás hackeado.

RICHARD CLARKE

(ASESOR DE SEGURIDAD NACIONAL DE EE. UU.)

Hola, en primer lugar, me gustaría presentarme. Soy Tom. Cuando mis compañeros me plantearon la idea del libro, pensé: «Qué novedoso, pero también arriesgado». Aunque, a menudo, presumimos de compartir casi todo entre los CISO, como el cepillo de dientes e incluso, en algunos casos, la pareja, también participamos en numerosos grupos de WhatsApp, Signal, Threema, Viber, Line, Telegram, grupos de amantes de las cervezas, grupos de amantes del vino, grupos de escaladores y grupos de viaje. Sin embargo, la realidad es que no compartimos tanto como afirmamos.

Aunque prefiero mantener mi nombre en secreto por razones de confidencialidad para mí y para mi empresa, soy CISO desde

hace más de quince años y, como buen profesional de la ciberseguridad, cada año me doy cuenta de lo poco que sé, ya que el mundo
está cambiando mucho. Durante los últimos tres años, he tenido el
«placer» de trabajar para una empresa del sector de la acuicultura.
Sí, así es, acuicultura. La empresa que protejo se dedica a criar ani-
males acuáticos, como peces, crustáceos, moluscos e incluso algas,
para el consumo humano y otros fines, igualmente, es «apasionante». Ah, ¡sí! Somos superrelevantes en el mundo.

Me gustaría compartir con ustedes mi viaje al extraño país de
los presupuestos perdidos. Como veterano de las batallas presu-
puestarias, cada año me enfrento al reto de prepararme, compartir
riesgos con la Dirección y presentar nuevas amenazas. Recuerdo
con nostalgia mi primer año en esta locura. Trabajé duro, incon-
tables horas e incluso creé un análisis de riesgos que ni el propio
Departamento de Policía de Nueva York podría imaginar. Tras
meses de intenso esfuerzo, noches sin dormir y la desaparición
temporal de mi vida personal, llegó el gran día. No podía dormir.
Me pasé toda la noche repasando mi presentación y diciéndome
cosas reconfortantes, como «no te preocupes, todo irá bien».

Incapaz de conciliar el sueño, decidí dar una vuelta por mi
cocina a las cinco de la mañana, ¡como un intrépido explorador
en busca del santo grial del café! Ese día batí mi propio récord
personal y me bebí tres tazas de café de una sentada. Los pensamientos sobre lo que podría ocurrir zumbaban a mi alrededor
como mosquitos en una noche de verano en un resort de Costa
Rica; me sentía como un cóctel de ansiedad y miedo, ¡la mezcla
perfecta para un infarto matutino! Aun así, era consciente de mi
preparación y del hecho de que, al menos, no podría equivocar-
me, ¿o sí? Tras meses de esfuerzo, por fin había llegado mi gran
día. El día en que alcanzaría la joya de la corona del presupuesto,
en que conseguiría el dinero para contratar al equipo que necesitaba, comprar las herramientas que necesitaba y embarcarme en

el viaje de ensueño que había planeado para mi empresa y para mí. Era hora de que el mundo viera de qué estaba hecho.

Ese día me acompañará siempre. Era 14 de febrero, San Valentín, y una espesa niebla envolvía mi ciudad, como suele ocurrir en los días más fríos del invierno. Mi presentación estaba prevista para las nueve y media de la mañana, así que llegué a la oficina antes de lo habitual y aparqué el coche a las seis y media. Recuerdo que esas tres horas me parecieron una eternidad. Cuando por fin llegó el momento, mis manos sudaban y mi corazón latía con la misma intensidad que cuando juego al pádel.

Finalmente, llegaron las nueve y media de la mañana y no recibí ninguna llamada. Empecé a preocuparme y, de repente, sonó mi Teams. Era la secretaria de Dirección informándome de que las reuniones de defensa de presupuesto estaban retrasadas y que me llamarían en breve. A las diez y once de la mañana llegó mi momento. El Teams sonó y supe que era mi turno. Subí a la sala de juntas, ubicada en la planta 36; mientras mi despacho se encontraba en la planta 4. Mientras ascendía en el ascensor, me repetía a mí mismo: «Todo saldrá bien, todo saldrá bien, relax».

Ah, la planta 36, también conocida como el olimpo corporativo, donde solo los dioses del *C-level* y los consejeros tienen permitido el acceso. Allí estaba yo, el aspirante recién llegado, listo para mi primer paseo por las alturas. A mi derecha estaba la secretaria de Dirección, un muro de contención humano, y a mi izquierda el santo grial de la oficina: el CEO, y al final del pasillo, el mismísimo olimpo.

Al entrar, me recibió una escena que parecía sacada de un *thriller* corporativo: una mesa de madera maciza con cristal templado, ovalada como un platillo volador, rodeada de sillas tan cómodas que tentaban a la siesta, pero no podía distraerme con tantos detalles, tenía que mantener la concentración. La disposición de la mesa prometía una interacción forzada entre todos los presentes, con el CEO en su trono al fondo y los directores de confianza orbitándole como planetas temerosos de ser expulsados de la galaxia corporativa. Ah, la vida en las alturas, donde cada paso es una lucha por la supervivencia, y cada reunión, una batalla por el poder supremo.

La iluminación era perfecta, ya que las luces integradas en el techo proporcionaban una iluminación adecuada. Todo el interior estaba definido por una paleta de tonos neutros, blanco, gris y beis; justo detrás del CEO se encontraba un gran cuadro al óleo del fundador de la empresa, creando un ambiente sereno y profesional. Aunque la temperatura de la sala estaba fijada en unos confortables 20 °C, yo tenía la impresión de que fácilmente alcanzaba los 40 °C.

Al entrar, saludé a los directores con una calma fingida, intentando ocultar mi creciente ansiedad. Pero quién sabía qué tipo de espectáculo me esperaba: oh, la dulce ironía de la ley de

Murphy. Conecté el ordenador para empezar la presentación y me encontré con una serie de problemas técnicos. Lo intenté todo: conectar, desconectar, reiniciar, ¡nada! Al final, tuvimos que llamar al servicio técnico resignados mientras veíamos cómo se desperdiciaban diez minutos preciosos de nuestras vidas en una cómica batalla contra la tecnología.

Justo cuando la presentación estaba a punto de empezar, el CEO tomó la palabra:

—Vamos un poco justos de tiempo. Solo tiene treinta minutos para su presentación. Vaya a los puntos más importantes.

Pensé: «He trabajado mucho y solo tengo treinta minutos. —Me animé—: ¡Puedes hacerlo! No te desanimes, vamos al grano».

Durante la presentación, di absolutamente todo lo que tenía. Para mí, fue la mejor exposición que he realizado en toda mi carrera profesional. Fue como si hubiera ascendido al olimpo de las presentaciones, delante de todos los dioses corporativos.

Al final de la presentación, algunos directivos compartieron conmigo sus opiniones. Los directivos que entendían mejor la tecnología me felicitaron con mucho entusiasmo y dijeron que nunca habían visto una presentación tan completa. En cambio, los directivos más alejados de la tecnología y más cercanos a las finanzas me bombardearon con preguntas punzantes:

- ✓ ¿Cuál es el retorno de inversión de esta propuesta?
- ✓ ¿Por qué deberíamos invertir en ciberseguridad si nunca hemos tenido problemas?
- ✓ ¿Cuánto nos costaría enfrentar un ciberincidente?

Algunos incluso declararon con firmeza:

—Esto es demasiado caro y no vemos nada claro los beneficios.

El CEO me dijo:

—Sé que hemos hecho mucho en ciberseguridad estos años, pero ¿cómo puedo estar seguro de que estamos haciendo lo correcto?

Fue la gota que colmó el vaso. Me sentía blindado como un castillo medieval, pero resultó que mi armadura tenía más agujeros que un queso gruyer. Respondí a las preguntas con evasivas, intentando ocultar que mi plan no era tan sólido como creía. Fue como darme cuenta de que había construido mi casa sobre arenas movedizas. Concluí la presentación expresando mi gratitud y despidiéndome de manera cortés.

Llamé al ascensor y bajé hasta mi planta, donde me senté en mi puesto de trabajo, completamente desmoralizado por lo sucedido. Sabía que tenía que esperar a que saliera mi *manager* para darme el resultado. Ni siquiera tenía ganas de comer, así que tomé dos cafés más y esperé a que mi jefe entrara a su despacho. Para mi sorpresa, mi presupuesto fue el único que se trató por separado del resto de la Dirección, como si la ciberseguridad estuviera en una isla desierta en medio del mar corporativo.

A la una y once de la tarde, recibí una llamada de mi gerente, solicitándome que pasara por su despacho. La ceremonia inició con el clásico preludio que precede a las malas noticias: rodeándome de halagos, decoraciones y detalles irrelevantes. Todo lo que quería era que fuera directo al grano. Después de quince minutos de charla tan agradable como inútil, llegó la trágica noticia:

—Tom, solo te han aprobado un 10% de tu presupuesto.

Me dijeron que debería sentirme afortunado. Después de todo, la empresa había tenido un año espantoso y, aun así, habían confiado en mí. Menudo consuelo.

—El año que viene nos prepararemos mejor. Necesitamos construir un caso de negocio sólido, estimar el costo de un incidente y estar preparados para responder las preguntas que nos hagan. —Esa fue su recomendación.

Otra noche sin dormir, tal vez fue por los cinco cafés con los que tuve que lidiar en este duro día. No puedo negar la mezcla de emociones que estoy sintiendo: frustración, enfado y calma. Ya sabes, después de la tormenta siempre llega la calma. Trabajé duro y, aunque no cumplí con todas mis expectativas, siento cierta satisfacción.

A la mañana siguiente, organicé una reunión urgente con todo mi equipo —que, en realidad, éramos solo dos personas—: Tom, que soy yo, el CISO, y Wilson, mi reciente incorporación. La escena se asemejaba a algo sacado de la película del náufrago protagonizada por Tom Hanks, donde, tras un accidente aéreo, nos encontramos luchando por sobrevivir y sacar lo mejor de nosotros.

Cuando le solté la bomba a Wilson de que solo teníamos el mísero 10% del presupuesto, su mirada perdida y sin brillo se quedó clavada en el horizonte durante un minuto entero antes de que soltara su brillante pregunta:

—¿Y eso qué significa?

Wilson nunca fue muy hablador y su bagaje en ciberseguridad era limitado, para no decir nulo, con apenas un año de experiencia en soporte técnico. En ese momento, no pude evitar comparar a Wilson con el personaje de la película *El náufrago,* la pelota Wilson.

A partir de ese momento me di cuenta de que estaba tan solo como Chuck en esta isla perdida. Decidí ser firme y fuerte y continuar planificando el año. Un año que prometía más humo que una fábrica de chimeneas. Me centraría en lo importante: mantener la pila de papeles al día, realizar análisis de riesgos como si fueran predicciones del fin del mundo y mejorar el plan de concienciación, incluso con dibujos animados si fuera necesario. Que empiece el espectáculo.

El año no fue tan desastroso, después de todo. Wilson ahora es capaz de mantener conversaciones usando monosílabos. Además, la empresa reconoce nuestras políticas de ciberseguridad, aunque ven nuestro plan de concienciación más aburrido que un manual de instrucciones de Ikea.

En mi segundo año en el cargo, reflexionaba sobre mi suerte de no haber enfrentado ningún ciberincidente. Me consideraba afortunado en comparación con mis colegas CISO. Llegó el momento de preparar el presupuesto para el segundo año y, además, tenía que presentar el avance del primer año.

En la presentación, tenía muy claros los puntos clave que debían incluirse sí o sí. Este año sería el mío; ya contaba con la experiencia y toda la información necesaria:

✓ Avances del año.
✓ Nivel de madurez de ciberseguridad.
✓ Mapa de riesgos.
✓ ¿Cuánto nos costaría enfrentar un ciberincidente?
✓ ¿Cuál es el retorno de inversión de esta propuesta?
✓ ¿Por qué deberíamos invertir en ciberseguridad si nunca hemos tenido problemas?
✓ Inversión alineada con los riesgos.
✓ *Cibersecurity master plan.*

Este año me sentí más blindado que un castillo medieval, había superado mis miedos iniciales al puesto. Me sentía tan seguro en la organización que hasta mi jefe y yo dimos un discurso a prueba de balas; estábamos blindados. La subida al templo del olimpo ya no me intimidaba, ni siquiera me quitaba el sueño.

Allí me encontraba por segundo año consecutivo, con amplio conocimiento de las posibles preguntas, el medio juego y el final, como todo un maestro de ajedrez. Las batallas del pasado me habían forjado, como un veterano de guerra que regresa al frente con más experiencia y determinación. Entré a la sala de juntas con confianza; esta vez Murphy parecía haberme perdonado. Tenía una presentación impecable y sin fisuras. Para mi sorpresa, al terminar la presentación, no hubo preguntas; estaba claro que había cubierto todos los detalles necesarios. Me despedí agradeciendo su tiempo, bajé a mi sitio y esperé a mi *manager*.

Esta vez, esperé paciente y sereno. Al salir de la reunión, mi gerente se acercó a mi lugar y me dijo que la situación había mejorado:

—Estoy feliz con tu presentación.

Y el gran anuncio fue «Recibiste el 20% de la solicitud presupuestaria. El comité se quedó con una buena impresión de tu presentación».

La verdad es que no pude ocultar mi expresión de disgusto. En ese momento, pensé: «Vaya maravilla, ¿verdad? Aumentar la inversión en ciberseguridad es como escalar el Everest».

Permanecí en silencio durante unos minutos mientras mi mente vagaba, pensando en una idea loca, que probablemente nunca se te habrá ocurrido, y pensé: «Parece que la única manera de mejorar la situación de ciberseguridad es experimentando un ciberincidente». ¿Realmente estaba considerando esa idea? Me sentí bastante frustrado con este tema, después me di cuenta de que debía dejar de pensar en este escenario de desastre y tener paciencia. Llevaba tan solo dos años en esta empresa y aún no me conocían.

Al final, mi *manager* me dijo que tuve mucha suerte. Le respondí a mi *manager,* dándole las gracias por el apoyo.

Estaba listo para afrontar el segundo año con solo el 20% del presupuesto aprobado, decidí comenzar con un golpe maestro. Contraté un equipo de *Red Team,* lanzamos la solicitud de propuestas (RFP) y, después de una deliberación feroz, elegimos al «mejor» proveedor —es decir, el más barato—. Los trabajos del *Red Team* comenzaron en septiembre, seis meses de intento de acceso a nuestra empresa. Espero que la empresa contratada se sumerja en nuestros sistemas como un auténtico ciberdelincuente —o, al menos, eso espero—. Aplicando técnicas dignas de los capítulos de *Mr. Robot*. Así que ahí vamos, usando una parte del presupuesto con una buena dosis de emoción. Con suerte, este trabajo nos abrirá las puertas a más presupuesto y nos preparará para el tercer año con todas las de la ley.

Una madrugada de octubre, el 31 de octubre para ser exactos, una fecha que nunca olvidaré porque coincide con Halloween, era mi segundo año en el cargo y recibí una llamada a las tres de la madrugada.

Los CISO estamos disponibles las veinticuatro horas, los siete días de la semana, los trescientos sesenta y cinco días del año, incluso durante las vacaciones.

Podría haber sido una llamada normal, pero ese día no lo fue. Ese día era diferente. Me llamaron porque los servicios estaban caídos y habían detectado una alerta de escalado de privilegios, acceso indebido al SCCM (System Center Configuration Manager) desde Rusia. Además, identificaron máquinas cifradas. Todo pasó muy rápido, no nos dio tiempo de reaccionar. Al principio, pensé: «Tranquilo, podría ser solo una prueba del equipo de *Red Team*». Pero al llamar a la empresa contratada me dijeron que no habían intervenido y que aún no habían encontrado ningún acceso a la empresa. En ese momento, el sueño se me esfumó de golpe, me puse pálido como un fantasma al darme cuenta de que estaba frente al primer ciberincidente de mi vida. Se trataba del momento que había esperado durante toda mi carrera profesional, llegando de repente y sin previo aviso.

Ahí me encontraba, frente a los servidores críticos que decidieron tomarse unas vacaciones. ¿La razón? Nada más y nada menos que estaban cifrados hasta el último bit. Lo que muchos identificarían como un ciberincidente de *ransomware,* al igual que todos nuestros respaldos cifrados. Vaya noche de brujas.

Entonces, comenzaron las *war room* interminables, el CIO, el CEO, Legal, DPO, Comunicación Externa y el resto de los miembros del comité de crisis. Mientras evaluábamos la situación con la empresa en modo «fin de mi empresa», la única solución que se evaluaba de manera recurrente era pagar el rescate. Pero, por supuesto, como CISO, estaba ahí, advirtiendo que esa no era una buena idea.

Ahí estaba yo, intentando explicarle al CEO que no podíamos pagar el rescate porque eso va en contra de todas las normas de etiqueta de ciberseguridad. Pero cuando nos preguntaban cuánto tiempo podríamos esperar para recuperar el negocio si no pagábamos, la respuesta era más desalentadora que intentar encontrar un unicornio en el jardín: podría pasar una eternidad.

En el comité de crisis se evalúa de manera continua la situación y se toman diferentes decisiones. Además de las decisiones técnicas, se deciden temas tácticos y estratégicos. Después de una cuidadosa deliberación en el comité de crisis, se llegó a la conclusión de que era imperativo comunicar el ciberincidente tanto a las Fuerzas y Cuerpos de Seguridad del Estado, a los clientes y a la prensa. La decisión se tomó consciente de la necesidad de transparencia y de la importancia de informar a todas las partes pertinentes sobre la situación. Lo que no esperábamos era que la noticia se propagara incluso más rápido que el mismo *ransomware,* extendiéndose como un reguero de pólvora por los canales digitales y generando un frenesí informativo que parecía imparable. Era evidente que estábamos lidiando con una situación de gran magnitud.

Mientras tanto, en un universo paralelo donde las cosas parecen ir mejor, recibí llamadas de colegas ofreciéndome ayuda. Recibí muchos mensajes por todos los grupos: WhatsApp,

Signal, Threema, Viber, Line, Telegram, etc., cargados de apoyo, brindándome ánimo y soporte como si fuera el protagonista de una película de superación personal.

Por otro lado, me crucé con proveedores que parecen creer que su producto y servicios son la octava maravilla del mundo de la ciberseguridad. Me bombardearon con correos llenos de sarcasmo, insinuando que, si tan solo hubiéramos usado sus soluciones, estaríamos disfrutando de cócteles en una playa en lugar de lidiar con este desastre. Y, como si fuera poco, luego llegan los proveedores que actúan como si fueran los superhéroes del ciberespacio, divulgando detalles oscuros del incidente —inventados— en las redes sociales, como si fueran conocedores de la verdad absoluta, listos para salvar al mundo de empresas «terribles» como la nuestra. Qué maravilloso, ahora tenemos a los defensores de la justicia de la ciberseguridad.

Propongo la creación de una lista negra para este tipo de proveedores, una lista que los relegue al rincón más oscuro del universo. Con la lista de proveedores seleccionados, podemos organizar una gala para la entrega del premio anual a los Proveedores de Excelencia en Tacto Cero. ¿Qué les parece esta propuesta?

Regresando al ciberincidente, ¿saben qué?, por razones de confidencialidad, no puedo contarles si al final pagamos o no. Esa es información tan secreta como el ingrediente especial de las recetas de mi abuela. Pero lo que sí puedo decirles es que después de esa experiencia tuve que recurrir a ansiolíticos para dormir, usar una férula de descarga que ahora es mi nueva joya de moda y hasta me apunté a clases de yoga para relajarme un poco. ¿La razón? Cada vez que sonaba el móvil en la madrugada, saltaba más alto que una tostada en un tostador. Qué época tan emocionante para estar vivo.

Como toda historia tiene un final, al menos la mía tiene un final feliz. Después de dos batallas perdidas en la solicitud de presupuesto y tras haber estado sumido en el estrés debido al ciberincidente que dejó a mi empresa paralizada por más de un mes, finalmente recibí una solicitud directa de la Alta Dirección: «Tom, tienes que elaborar un informe detallado del ciberincidente con lecciones aprendidas y sugerencias para prevenir futuros sucesos similares».

Ahí estaba yo, con mi informe del ciberincidente y mi solicitud de presupuesto en mano, como un héroe listo para salvar mi año. Después de dos años de batallas, puedo contarles con una sonrisa de oreja a oreja que mi historia ha tenido un final más feliz que una comedia romántica.

Después del caos del ciberincidente, me complace anunciar que ahora tengo el presupuesto necesario para convertir mi empresa en una fortaleza. Sí, señores y señoras, soy el CISO más afortunado del universo, con la Alta Dirección respaldándome como si fuera el superhéroe de la ciberseguridad.

Por supuesto, no puedo evitar preguntarme si este repentino apoyo tiene algo que ver con el ciberapocalipsis que sufrimos. Pero ¿saben qué? Soy una persona que tiende a sobrepensar las cosas y analizar mucho las situaciones. Dejo esa pregunta para los expertos en conspiraciones. Lo importante es que ahora tengo el presupuesto necesario para proteger mi empresa de ciberataques. Que vengan los ciberatacantes, pero les ruego que tengan paciencia antes de llegar, ya que aún necesitamos adquirir todo lo necesario para protegernos y defendernos. De lo contrario, sería una confrontación desigual. Aunque me siento feliz por tener el presupuesto soñado, aún tengo un largo camino por recorrer para implementar todas las medidas de protección.

Me estoy preparando para las próximas festividades. Nunca serán como estas festividades, seguramente serán muy aburridas. Recibiré una caja de bombones o una botella de vino este

14 de febrero, y el 31 de octubre solo abriré la puerta para darles chuches a los niños.

¡Ups! Se me olvidó compartir con ustedes el resultado del *Red Team*. El proveedor contratado ha llegado hasta la cocina de mi empresa. En caso de duda, esta es una buena prueba de la importancia de invertir en ciberseguridad.

Al releer esta historia, me hace sentir nostálgico porque nunca había experimentado la intensidad emocional, ni el estrés ni la ansiedad que caracterizaron esos dos años. Ahora puedo decir que los ciberincidentes se han convertido en una parte crucial de mi vida y gracias a los recursos económicos me encuentro preparado para continuar en la guerra.

Espero que mi historia te acompañe y puedas recordar con nostalgia esos momentos estresantes que definitivamente te harán reír ahora, ¡como a mí!

Papeles en escena. Crónica de una auditoría

La auditoría es como una montaña rusa: llena de subidas, bajadas y algunos giros inesperados.

Domingo, once de la noche, y aquí sigo repasando todo para el gran día mientras la TV suena de fondo con algún *reality* al que no presto atención.

1. **Política de seguridad de la información.** Documento que establece a grandes rasgos las directrices en materia de seguridad de la información de la organización.

2. **Plan de seguridad de la información.** Un documento que describe la estrategia general de seguridad de la información de la organización; incluyendo los objetivos, el alcance, las responsabilidades y las medidas de seguridad implementadas.

3. **Análisis de riesgos.** Documentos que detallan las evaluaciones de riesgos realizadas por la organización para identificar y mitigar las amenazas a la seguridad de la información, así como el análisis de impacto en caso de incidentes de seguridad.

4. **Documentación de controles de seguridad.** Incluyendo registros de control de acceso, registros de auditorías internas de sistemas, registros de *logs* de seguridad, registros de gestión de parches, etc.

5. **Procedimientos de gestión de incidentes.** Documentos que describen los procedimientos a seguir en caso de que ocurra un incidente de seguridad de la información; incluyendo la notificación, investigación, mitigación y recuperación.

6. **Certificaciones y auditorías anteriores.** Documentos que demuestran la conformidad con estándares de seguridad de la información previamente evaluados por auditores externos o internos.

7. **Contratos y acuerdos de terceros.** Documentos que establecen los acuerdos de seguridad de la información con

proveedores, contratistas y otros terceros que tienen acceso a los sistemas y datos de la organización.

8. **Registros de capacitación y concienciación en seguridad.** Documentación que demuestra la participación y la formación del personal en temas de seguridad de la información.

Por supuesto, a esto habrá que añadir los diferentes muestreos que nos pidan el día de la auditoría, donde revisarán la totalidad de los cambios hechos en el año auditado, la lista de altas, bajas y modificaciones de usuarios, o el listado de incidentes. Sobre estas nos comentaron que seleccionarán entre diez y quince elementos y tendremos que entrar en el sistema y verificar que efectivamente constan todos los registros necesarios —fecha de petición de alta previa a fecha de alta en el sistema, aprobaciones correspondientes / petición de cambio, aprobación del cambio conforme al procedimiento y fecha de implementación del cambio / registro del incidente en cuestión, documentación del mismo y lecciones aprendidas de cara al futuro, por si se repite el mismo—.

A pesar de que tengo todo perfectamente documentado, según el listado que nos pasaron un mes antes de la auditoría, con los puntos a revisar, no puedo dejar de sentir ese hormigueo en el estómago que me dice que algo puede salir mal, que me harán alguna pregunta inesperada o que alguna de las evidencias que hemos preparado no serán suficientes. Pero ya no hay vuelta atrás, me voy a dormir, que mañana será otro día y la suerte está echada.

Me lavo los dientes, me quito las lentillas y las dejo en su recipiente al lado de la mesilla y... ¡a intentar dormir un poco para ir con la mejor cara posible a la auditoría!

Suena el despertador a las seis y treinta y cinco de la mañana y me arrepiento de haber tenido el *reality* de fondo anoche.

Seguro que sin él habría terminado antes de preparar todo y me habría ido a la cama antes, pero ya no hay nada que hacer al respecto.

Es un lujo vivir en el centro de Madrid y tener la oficina en Castellana, 133. Ya ni me acuerdo de lo que son los atascos de entrada a Madrid.

Llego a la oficina a las ocho menos cinco de la mañana para asegurarme de que está todo listo y me dirijo a la sala enorme para los auditores, porque siempre viene un regimiento y okupan la sala durante toda la semana y me tomo un café con los compañeros mientras comentamos las anécdotas del *reality* que nadie ve —«¿Quién?, ¿yo? ¡Cómo voy a ver esa telebasura!»—, pero que todos conocemos —«Bueno, yo le echo un ojo solo por comentar luego con vosotros». Claro, claro—.

A las nueve en punto, me llaman al fino de mi puesto:

—Hola. ¿Helen, por favor?

—Sí, soy yo.

—Preguntan por ti una docena de personas.

—Sí, voy para allá, los estábamos esperando.

Por suerte, no vienen solo a auditar la parte de Seguridad de la información, porque, si no, no sabría qué hacer con tanta gente pidiéndonos tantas evidencias y solo tres personas contando conmigo para poder gestionar todas las peticiones.

Mientras espero a que lleguen, rememoro mentalmente mi primera auditoría como cliente final, o como auditada, hace ya diez años.

El equipo de Seguridad en aquel momento éramos solo Pedro, Andrés y yo. Entre los tres no sumábamos ni cuatro años en la empresa, siendo yo la más novel de los tres en la empresa, con solo tres meses. En mi rol de máxima responsable de Seguridad y siguiendo las buenas prácticas en este ámbito, decidí cambiar la auditora «de todos los años» por otra opción de la competencia, ya que siempre creí en la vertiente que aboga por refrescar cada cierto tiempo los servicios de la empresa.

Es decir, no sería yo la única para la que todo esto sería nuevo y tendría que empezar de cero.

En el proceso de auditoría me di cuenta de que mi equipo, con grandes capacidades técnicas y de gestión, carecía de experiencia en auditorías y que yo había centrado demasiado en preparar toda la documentación y las evidencias y había dejado de lado un tema muy importante: formar al equipo en el proceso de una auditoría.

Ante la primera pregunta, sobre si teníamos un diagrama de red para entender mejor nuestra organización, Pedro comenzó a relatar todo lo que sabía con respecto al nuevo proyecto de implantación de un *firewall* de aplicación (WAF por sus siglas en inglés) para la protección de nuestro sistema de comercio electrónico, que teníamos previsto para el mes siguiente a la auditoría, cuando ni siquiera teníamos cerrada la arquitectura final que implantaríamos. Este «pequeño lapsus» nos costó aproximadamente dos horas extra que tuvimos que emplear en contarles algo que finalmente decidimos montar de otra manera.

Y eso solo fue el principio de dos semanas donde aprendí que para cuestiones de auditoría es tan importante la parte de gestión, tanto interna como externa, a la hora de relacionarnos con el equipo de Auditoría como los conocimientos técnicos de todos los controles y herramientas que forman parte del ecosistema de seguridad de la empresa.

Por ejemplo, si no tienes un control de acceso biométrico en el que el usuario tiene que identificarse con la huella dactilar a la par que sitúa su iris en el lector ocular mientras se registra el acceso mediante tres cámaras independientes, una de infrarrojos, otra de detección de movimiento y una tercera de grabación continua y almacenaje de tres meses *online* y dos años en un sistema independiente, y dependiendo de los requerimientos en función de los activos que se encuentren dentro de la sala, puede valer con una puerta cerrada con llave, siendo la llave custodiada por las dos personas de Seguridad que hacen guardia en la garita de acceso y un registro en papel donde se anotan las entradas a la sala en cuestión.

También aprendí que muchas veces los equipos de Auditoría carecen de conocimientos técnicos avanzados en determinados sistemas de mi organización, por lo que es importante explicar de una manera sencilla y clara los controles existentes y cómo con la combinación de varios de ellos podemos compensar la ausencia de ciertos controles «primarios o básicos» en lo que se conoce como controles compensatorios.

Y por fin veo llegar al equipo de Auditoría, todos con su traje de chaqueta, típico de la Big4 a la que pertenecen.

El auditor

Me levanto con la emoción de un nuevo proyecto y un nuevo cliente. Llevamos dos semanas intercambiando correos electrónicos con peticiones de información previa a la auditoría y hemos estado revisando toda la documentación recibida. Hemos mantenido tres reuniones por videoconferencia, pero hoy por fin vamos todo el equipo al edificio del cliente y empezaremos la auditoría *in situ*. Podremos empaparnos de los procesos de negocio de la empresa, conocer a la gente que lleva años haciendo que esos procesos funcionen y podré entender mejor todos los documentos que he estado revisando durante horas.

En mi trayecto en tren, me acuerdo de los primeros años de mi vida laboral, donde pasé varios años colaborando en apoyo de auditorías financieras, aprendiendo los entresijos de tediosas auditorías donde todo eran números y más números —tediosas para mí como ingeniero informático; por supuesto, todo mi respeto a los gustos de otros profesionales— intercalados con proyectos propios de Seguridad de la Información, mucho más apasionantes para mí, que me llevaron a sentar las bases de un perfil que, a la postre, sería donde decidiera encajar mi carrera profesional, combinando ambas experiencias.

También recuerdo, esbozando una sonrisa, mi última experiencia, en la auditoría de una famosa empresa en Latinoamérica, donde al realizar las visitas correspondientes a los lugares a auditar toda la gente respondía como robots, exactamente con lo que se suponía que yo quería oír y como le pregunté a la persona que nos acompañaba:

—Perdona, permíteme que os felicite por lo bien preparados que están los interlocutores que estamos entrevistando.

—Muchas gracias.

—Se nota que habéis preparado bien la auditoría y que los interlocutores saben perfectamente lo que tienen que contestar a cada pregunta.

—Ah, ¡sí! Muchas gracias. Los estuve preparando yo misma durante las dos semanas previas a la auditoría.

—Excelente trabajo, pero para el último centro a auditar permíteme sugerir que hagamos un cambio y, en lugar de visitar el centro sugerido por ti, vamos a ir a este otro, que se encuentra también próximo a nuestra ubicación.

Y, divertido, pude ver cómo le cambiaba el semblante a mi interlocutora ante lo que por fin sería una auditoría real de un centro de trabajo de la empresa en cuestión.

Llegamos a recepción y preguntamos por Helen, que llegó al puesto de CISO recientemente en la empresa a auditar. Tras subir dos pisos en el ascensor, nuestro acompañante nos indica dónde se encuentra su despacho y procedemos a presentarnos unos y otros, ya que trabajaremos codo con codo en las próximas dos semanas.

¡Que comiencen los juegos del hambre!

Helen sonríe mientras el consultor se acerca a Pedro y le pregunta:

—Perdona, ¿sabes qué hora es?

Y Pedro responde:

—Sí.

Y se hace el silencio.

CISO Club

Cuando se padece de insomnio, nada parece real. Las cosas se distancian. Todo parece la copia de una copia de otra copia.

DAVID FINCHER, *FIGHT CLUB*

Comprar en un clic. Perfecto. Si tengo que presionar dos botones, quizá este objetivo macro para la cámara se queda en la cesta. Lleva siendo mi objeto de deseo desde hace al menos un par de días. Por supuesto, clico y en mi cabeza se sucede la batería de pensamientos de todos los días que pulso ese botón amarillo. La primera, cómo consiguen que eso cumpla con la normativa de pago seguro. A mí me cuesta la vida que solo haga falta un segundo factor de autenticación basado en OTP en un proceso al que se accede por biometría. La segunda, seguro que tienen un montón de fraude con lo del botoncito. La tercera, debería dejar de comprar mierdas que no uso. ¿Para qué voy a querer un objetivo macro una vez que le haya hecho una foto a la hoja de la flor de Pascua que me regaló mi madre hace dos días? Es lo único vivo fotografiable que tengo a mano y no tengo tiempo para mucho viaje. Además, como no funcione bien «la entrega en un día», a lo mejor ni puedo hacer la foto, que no tengo buena mano yo para estas cosas. No tengo buena mano para cuidar nada que, de alguna manera, respire. Incluyéndome a mí. Mi nevera llena de precocinados da fe.

Miro la estantería a mi derecha, iluminada con barras led muy chinas, donde descansan los cadáveres de otros domingos de aburrimiento y botones amarillos: un dron, un par de videoconsolas portátiles, la impresora 3D, un otamatone... Poder tocar la *Cabalgata de las valquirias* en este cacharro es lo mejor que he sacado del conservatorio al que me obligaron a ir de pequeño —clarinete— hasta que lo dejé todo por los ordenadores.

Esa estantería, el cementerio, es el objeto de deseo de alguno de mis amigos, que cuando vienen a casa, normalmente a que les formatee algo, la miran con brillo en los ojos, pensando en que podría ser su estantería si no tuviesen que pagar coles, libros, zapatillas y celebraciones de cumpleaños infantiles cuyo nivel de sofisticación ha evolucionado rápida y de manera imprevisible desde una bolsa de chuches a tres colegas hasta un finde todo incluido en Ibiza, con reservados, a un grupo de cincuenta y siete niños de seis años. Por lo que me han contado. Que yo no tengo hijos ni quiero. Las cosas que respiran... Ya sabéis.

En resumen, es domingo y no tengo nada más que hacer que pensar en ese clic. Mejor dicho, no quiero pensar más que en ese clic. La alternativa es pensar en lo que me espera mañana.

Soy Jose, el CISO de Ackfy. Seguro que lo conoces. Salimos hace un par de semanas en todos los periódicos. «El nuevo unicornio del universo *startup* nacional, la tecnológica que te facilita el pago de las actividades extraescolares de tus hijos. Con tarifa plana». En todas las entrevistas, Raquel, nuestra ilustrísima CEO, hablaba de lo importante que ha sido en su carrera fracasar para descartar fórmulas que no funcionaban hasta encontrar la buena. Si tienes interés, «la buena» fue la de contratar a varias *influencers* de temas relacionados con la maternidad y el estilo de vida familiar —hay para todo, sí— con un puñado de cientos de miles de seguidores que catapultaron la *app* a los *top* de todos los *market* hace un año. Cuando éramos ocho personas; ahora somos ciento dos. Nos ha comprado un *holding* que quiere posicionarse en la venta de servicios relacionados con la familia y que le interesa mucho más nuestra base de usuarios activos que cualquier tecnología.

Tan poco importa que la aplicación es casi la misma que programamos Antonio, ahora CIO, y yo en un mes. Seguimos sin WAF. Que no podemos poner porque la conexión con el IdP falló y cuando activamos el básico del *cloud provider*. En realidad, no tenía que ver con el WAF, el flujo de obtención de *token* también está mal hecho y no están bien configuradas las cabeceras de CORS. Pero nada que unos pocos asteriscos y un par de 0.0.0.0 por aquí y por allá no arreglasen. Había que salir. Y así sigue. Iterativo incremental lo llaman. Lo único que incrementa es la deuda técnica.

Para Antonio, lo importante es «la nueva plataforma de Data Analytics, que nos va a permitir explotar nuestra base de usuarios y evolucionar hacia servicios basados en *machine learning* que nos permitan, por ejemplo, dar recomendaciones personalizadas de extraescolares basadas en segmentación automática de...». Creo que nunca he pasado de ahí escuchándole, me aburre.

Con lo bien que lo pasábamos cuando no había CIO ni CISO y solo programábamos Tamagotchis con el dinero de Raquel. Tuvieron que meterse las *tiktokers* a hacernos ricos. Ahora es CIO del año, por una revista especializada en nombrar gente del año. En su LinkedIn pone que es profesor en MIT, por aquella mesa redonda en la que participó organizada por la cámara de comercio, con once asistentes, en Massachusetts. Los que asistieron, lo hicieron porque convalidaba una práctica de una optativa de español. Diez si no me contamos a mí. Ese es Antonio. Ese será mañana, puntual como un reloj atómico, para discutir como cada lunes. Después de un finde aburrido, solo en su casa, dando vueltas a la cabeza su nueva idea de «innovación» para martirizarme durante los siguientes cinco días. Ya podría dedicarse a comprar cacharros inservibles. Con el gustito que da.

—Buenos días, Antonio. ¿Cómo ha ido el fin de semana? ¿Apasionante?

—Nada mal, Jose. Gracias por preguntar. He estado dando una pensada a lo del *chatbot* para el soporte a usuarios que hablamos la semana pasada. La idea que me tiraste. Tú, ¿qué tal? ¿Comprando mierdas?

—Un objetivo macro para la cámara. Sí. Pone que la entrega está a tres paradas, espero que el portero de la urbanización no me haga la de siempre. ¿Lo del *chatbot* otra vez? Cada vez te lo curras menos. Sabes que no.

—Ese hombre tiene el cielo ganado contigo, recoge más paquetes que los elfos de Papá Noel. Me dijiste que no porque el proveedor que quería utilizar no te aseguraba que los datos no se utilizasen para entrenamiento del modelo de IA y que pudiese filtrarse información confidencial de nuestros clientes. Hilaste fino. Pero tengo la solución, he encontrado un servicio de LLM que te asegura que es *mono-tenant* y que utilizan solo datos sintéticos para el entrenamiento.

—¿De dónde son?

—De Estados Unidos, creo, es una empresa de una incubadora de Silicon Valley. Tiene una pinta excelente.

—¿Y el servicio es SaaS?

—Sabía que ibas a tirar por ahí. Servicio SaaS, pero tienen certificado Common Criteria, ISO. Uno de sus clientes es el Ministerio de Defensa de los Estados Unidos... No vas a poder ponerle ninguna pega.

—Ninguna. Ninguna, salvo que a no ser que quieras que los usuarios hablen del tiempo con el *chatbot,* no podemos usar ese servicio porque supondría transferencia internacional de datos y eso lo hablas tú con Belén, la DPO, porque yo no voy a hacerlo.

—Cada día vienes con una cosa nueva. Pero ¡si toda nuestra infraestructura está en un *cloud* americano!

—Sí. Pero en Irlanda. Y espérate a ver qué pasa con las sentencias que hay ahora mismo en los tribunales. Que te veo *enracando.*

—Es que así es imposible innovar. Cuando no es PSD2, es GDPR. Cuando no hay normativa, es que están atacando unos rusos pagando en cripto competiciones de denegación de servicio. Cuando no son estos, es que lo prioritario tiene que ser parchear por un día cero de esos. Es que, al final, nos sale mejor apagarlo todo.

—Todo apagado es bastante seguro.

—No estoy de coña. Tenemos que ser capaces de hacer esto del *chatbot*. No puede ser tan complicado. Mi banco lo tiene. Y es un banco. Nosotros registramos críos en futbito.

—Los dos hemos trabajado en bancos. No creo necesario decir nada más.

—Ahí tienes razón. Podemos asumir el riesgo.

—Claro. Lo asumes tú. Invítame al comité a disfrutar del espectáculo cuando lo hagas, pero a mí que no me pregunten. Que por un día se lean el informe, que para eso voy a perder dos tardes escribiéndolo y mirándome las API de tus amigos de Silicon Valley.

—Están en *cloud* y son *mono-tenant*. Podemos intentar pedirles por contrato que nuestra infraestructura la desplieguen solo en Europa.

—Si te lo aceptan, eso podría valer. Tendríamos que auditarlo.

—Voy a consultarlo con ellos y empezamos la PoC ya mismo.

—«Podría valer», he dicho. Que te vienes arriba muy rápido. Habrá que ver todo lo demás y si cumplen con nuestra política.

—¿El móvil que lleva un rato vibrando es el tuyo?

—No me ha dado tiempo a cogerlo. Era el del paquete seguro, ya me la ha vuelto a hacer el portero.

—Escribo a estos y te digo algo.

—OK.

Con el crecimiento de la empresa vino la obligación de estar en una oficina «modernita». A mí, personalmente, eso de estar teniendo reuniones, sobre todo las que tienen que ver con ciberseguridad, en una pecera gigante de cristal al lado de una máquina de café me resulta incómodo. Raquel lleva un rato asistiendo a la conversación.

—¿Qué hace José Antonio otra vez hablando solo en la sala de reuniones? —dice hablando sola.

Debería buscar ayuda, los CEO tienen mucho estrés. Voy a ver si encuentro al portero, que me va a oír, a ver qué hago esta tarde sin el objetivo.

Nota al lector: Este capítulo narra lo que muchos profesionales viven en su día a día. Sobre todo, en empresas que han crecido muy rápido o que tienen una cantidad de recursos limitados —más limitados que el resto—, donde los CISO toman otros roles que, sobre el papel, deberían de estar segregados en un entorno saludable. Ser juez y parte en decisiones tecnológicas, con implicaciones de ciberseguridad —todas—, supone al profesional un esfuerzo adicional de autocontrol que es necesario gestionar de una manera correcta cuando se da. De que, lo contrario, lo resultante no sería hacer un trabajo mal, sino dos. Si te ha tocado ser uno de esos, ánimo. Si te apetece ser uno de esos, suerte. Si has dejado de ser uno de esos, enhorabuena.

Para todos los CISO, CTO, CIO, DPO, CRO, CxO.

Mi puesto en peligro. ¿Extinción inminente?

El único límite para la IA es la imaginación humana.

CHRIS J. BUTLER

Las personas que me conocen suelen describirme como carismática y muy amigable. Tengo habilidades destacadas para la negociación. Mi nombre es Carol, aunque mucha gente me llama la Rubita. Les contaré mi historia de mi primer día como CISO. Acababa de comenzar como CISO, solo llevaba un día en el cargo. La ciberseguridad siempre había sido mi pasión. De hecho, era mi materia favorita en la universidad. A lo largo de mi carrera, progresé gradualmente a través de varios puestos hasta que mi empresa actual finalmente me brindó la oportunidad de asumir el rol de CISO.

Llegar hasta aquí no fue fácil, pero no fue por una barrera invisible —o el concepto erróneo del techo de cristal—, sino por la necesidad de que alguien confiara en mí para ocupar este puesto por primera vez y esa persona fue Robert, CIO de mi empresa actual.

Aquel día, como cada mañana, me levanté como un reloj suizo para completar mi rutina de yoga, pero ese día fue especial porque tenía que prepararme para mi debut como CISO. Me tomé mi tiempo para desayunar, elegí cuidadosamente la ropa adecuada para la ocasión y me aseguré de que mi gato recibiera su ración de comida para todo el día. Pero aquel día, oh, ¡sí!, ese gran día, que merece ser marcado en mi calendario, será un día especial para siempre. ¡Soy CISO! Por fin había llegado el gran día, es como comer una *pizza* después de un mes de dieta. Mientras conducía hacia mi nuevo futuro, me repetía en un tono que seguramente asustaría a cualquiera: «¡Soy CISO, soy CISO!». La verdad es que estaba muy orgullosa. Mi sueño era convertirme en CISO y ese día lo conseguí, fui más feliz que una niña jugando con una Barbie.

Pero la vida a veces muestra un sentido del humor muy sombrío. Después de la euforia inicial de mis primeras horas en el cargo, mientras conducía hacia la oficina, el miedo comenzó a invadir mi mente. Empecé a cambiar de estación de radio constantemente, buscando algo que ni siquiera sabía qué era. Y, de repente, como una genialidad, sintonicé una emisora de radio que anunciaba la noticia del año: el *boom* de la inteligencia artificial adaptativa que revolucionará el panorama de la ciberseguridad. Qué emoción, esta tecnología permitirá a las empresas optimizar sus recursos de ciberseguridad. Veremos un salto cuántico en las próximas implantaciones de la inteligencia artificial. Cuando escuché la noticia, me di cuenta de que me había tomado mucho tiempo llegar al cargo, ¿y ahora la inteligencia artificial adaptativa podría quitarme el cargo? En ese momento, me asusté más que el copiloto de Stevie Wonder.

Al llegar a la oficina, con un ligero hormigueo de preocupación por la noticia que había escuchado, comencé a temer que mi puesto fuera más efímero que un comercial en YouTube cuando presionas el botón de saltar. Decidí sumergirme en internet en busca de información. Pero ¡vaya lío! La claridad brillaba por su ausencia. Después de unos cuantos clics, me topé con una tertulia sobre IA adaptativa destinada a CISO, CIO y CEO. Ahí estaba la clave. Al examinar los detalles del taller, descubrí que prometía debates con expertos y el intercambio de las mejores prácticas en inteligencia artificial adaptativa. El precio del taller, fijado en ciento once euros por un día, parecía ajustarse a las nuevas líneas de mi presupuesto. Después de todo, ¿qué CISO no puede permitirse un taller de ciento once euros? Era la oportunidad perfecta para determinar si la inteligencia artificial adaptativa era verdaderamente una amenaza o un aliado en nuestro camino hacia el futuro. ¡Qué sorpresa! Resulta que el taller era ese mismo día. Me inscribí por internet, realicé el pago y recibí la confirmación de mi registro.

Hablé con Robert sobre el taller, dado que necesitaba el día libre. Le pareció perfecto, me dijo que el tema era supernovedoso y le preocupaba un montón. Me pidió que le enviara la información porque estaba entusiasmado por asistir al siguiente taller.

Decidí pedir un Uber para llegar más rápido. No había tráfico en el camino hacia el Hotel Ritz de Madrid, donde se llevaba a cabo el taller. Al llegar, me percaté de la diversidad de personas presentes, sobre todo hombres. Los CIO destacaban por su estilo de vestir que irradiaba profesionalismo y autoridad; mientras que los CEO preferían prendas de alta calidad, colores clásicos y accesorios elegantes.

Y luego estábamos el resto, los CISO; la verdad es que nuestra especie es muy pintoresca. Algunos informales, otros formales y otros mucho más formales; hay de todo un poco. Pero lo que está claro es que los CISO somos como una caja de sorpresas: nunca sabes qué te vas a encontrar.

La primera parte del taller consistió en una conversación con expertos en la materia, quienes compartieron material sumamente interesante. En la segunda parte del taller, profundizamos en la práctica, donde teníamos que aplicar nuestros conocimientos y dejar volar nuestra imaginación. Me sentía como un imán atrayendo cada detalle y tomando notas, porque no quería perderme nada.

Los talleres estaban organizados según el tipo de asistente: una mesa redonda para los CEO, otra para los CIO y una más para los CISO. Éramos cerca de veinte personas. A lo largo del taller, decidí sentarme en todas las mesas porque no quería perderme ni un ápice de conocimiento; mi objetivo era acumular tanta sabiduría como fuera posible. Así que ¿cuál fue mi primera parada? ¡Conocer de primera mano la perspectiva de los jefes máximos, los CEO!

Allí estaba yo, rodeada por siete "dioses del olimpo". Felipe y Juan Carlos, dos directores generales del mundo bancario, Carlos y Fernando, directores generales del sector asegurador, Armadeo y Alfonso, directores generales de dos empresas de telecomunicaciones y José, el director general de un reino tecnológico. Antes de que comenzaran las funciones, tomé asiento y me quedé absorta en tres conversaciones paralelas. Los jefes a mi izquierda discutieron en profundidad los campeonatos de golf y compartieron sus desventajas y éxitos en los torneos más importantes. La verdad es que estuve un poco desconectada de esta conversación, ya que mis conocimientos de golf son bastante limitados. Por otro lado, los jefes a mi derecha hablaban de sus inversiones en el mercado de valores, de su desempeño durante los últimos seis meses y del impacto que el auge de las criptomonedas estaba teniendo en sus finanzas.

Mientras tanto, los jefes que tenía justo enfrente estaban hablando sobre la evolución del ebitda y *cash flow* de sus empresas y cómo les había afectado la crisis financiera de China. La incomodidad me invadía mientras esperaba ansiosamente a que el taller finalmente diera inicio. ¡Qué espectáculo! Solo quería ser invisible, pasar desapercibida y mucho menos que me lanzaran preguntas; pero en menos de cuatro minutos, los minutos más eternos de mi vida, los organizadores decidieron interrumpir las conversaciones para captar la atención de todos, con el fin de dar las instrucciones del taller:

—Parte 1: identificar los desafíos de cada área. Parte 2: proponer una aplicación práctica de la IA adaptativa para enfrentar esos desafíos.

Sonaba fácil, pero no lo fue. Al menos no para mí, que ni siquiera conocía cuáles eran mis propios desafíos. Ah, la vida de los CISO nuevos.

Los CEO abandonaron sus viajes astrales para aterrizar de nuevo en la realidad del taller, compartieron sus retos y preocupaciones, que son tan complejos que podrían hacer que el cálculo del interés compuesto parezca un juego de niños. Equilibrar las necesidades de crecimiento, rentabilidad y gestionar el talento se convierte en todo un acto de malabarismo para ellos.

Y entonces, la luz al final del túnel: la IA adaptativa. Todos estuvieron de acuerdo en que aplicarían la IA en lo siguiente:

- Automatización de procesos.
- Optimización de la eficiencia operativa.
- Optimizar la inversión en tecnología —veo recortes, pobres CIO—.

Me pareció sumamente interesante lo que aprendí en la mesa de los CEO, pero no quería perderme ni un detalle del debate en las otras mesas. Así que, con discreción, me levanté de la mesa de los CEO y me deslicé hacia la mesa de los CIO.

Los CIO parecían completamente inconscientes de que los CEO estaban pensando en utilizar la IA adaptativa como una especie de hacha digital para limitar los gastos generales de TI. Y, créeme, no seré yo quien les dé la noticia.

¿Recortar el presupuesto en TI con IA? Es como intentar quitarle la sal al mar. Pero, sea como sea, ya sabemos que los CEO a veces tienen ideas más extrañas que los peinados de los años ochenta.

Cuando tomé mi lugar en la mesa de los CIO, todos ya habían hecho sus presentaciones, pero lo interesante fue que todos tenían su placa con el nombre de su empresa. A mi derecha estaba Pedro, el CIO de una de las empresas de mayor tamaño de España, que no perdió el tiempo hablándonos del crecimiento económico durante el 2023 como si estuviéramos en una reunión de la ONU. Según él, su empresa había experimentado un modesto crecimiento del 2.4% y aseguraba que la desaceleración económica era menos intensa de lo esperado —pero, claro, eso es lo que dice él, ¿no?—. Justo al lado de Pedro estaba Mariano, el CIO, con un acento gallego muy marcado, intentaba comunicarse con el instructor estadounidense. Su forma tan cómica de hablar inglés nos resultó inexplicablemente graciosa. Pero, oye, él dirigía una empresa importante en Galicia, así que algo debía de estar haciendo bien y no era exactamente hablar bien inglés.

Luego estaban José Luis, el CIO asesor que se dedicaba a aconsejar empresas en Latinoamérica, como si fuera el gurú de la tecnología en el continente. José María, el CIO de una empresa de radiodifusión, que seguro que tenía una antena en la cabeza para estar siempre en sintonía con las últimas tendencias. Y, finalmente, estaba Felipe, el CIO de una empresa muy importante en Sevilla, quizá más preocupado por la siesta que por los servidores, ya que hablaba muy poco y de vez en cuando se inclinaba hacia delante porque se quedaba dormido.

Ah, la diversidad de los CIO. Cada uno con su propio estilo y sus propias historias, como si estuviéramos en una convención de personajes de un cómic técnico. Finalmente, se les animó a iniciar debates sobre sus desafíos. Hablaron sobre la necesidad de gestionar la ciberseguridad, impulsar la innovación tecnológica, alinear la estrategia de TI con los objetivos del negocio y la adopción de tecnología para garantizar el éxito empresarial.

La mayoría de los CIO han recurrido a la IA adaptativa para impulsar la innovación, aumentar la eficiencia operativa y mantener el negocio a la vanguardia en un entorno empresarial cada vez más digital. En particular, han mostrado un gran interés en orientar la IA adaptativa a la ciberseguridad. ¿Por qué? Pues para reducir costes y automatizar tareas.

Según lo que escuché en esta mesa, invertir en ciberseguridad parece un agujero sin fondo en comparación con los beneficios que aporta. La mayoría cree que es hora de utilizar la IA adaptativa para revertir esta historia de victorias y pérdidas. Pero, justo en ese momento, me di cuenta de que tal vez no era una buena idea que Robert se apuntara al taller. No quiero que se le meta en la cabeza una idea tan descabellada. Mejor mantenerlo alejado de estas ideas.

Un poco aturdida por la sobredosis de información que he absorbido en tiempo récord, finalmente me dirijo a la mesa de los CISO. Estoy ansiosa por ver cómo abordamos la IA adaptativa en nuestro campo de ciberseguridad. Quería saber si mantendría mi puesto o si debo buscar nuevas oportunidades laborales. Finalmente, logré encontrar un asiento libre. Quería conocer a mis compañeros CISO, porque esta era mi primera incursión en el mundo de los guardianes de la ciberseguridad. Conectarme con mis compañeros era tan importante para mí como asegurarme de que mi gato tuviera suficiente comida en casa.

Comenzó el desfile de personajes en la mesa de los CISO y el primer acto lo protagonizó Jesús, el veterano del grupo. Con su larga experiencia en una empresa del IBEX 35, era como el gurú de la mesa. Pero, mucho cuidado, su soberbia era más grande que el ego de un *influencer* en redes sociales. Siempre tenía algo que decir y no le importaba interrumpir a cualquiera en cualquier momento. De hecho, dejaba tan poco espacio para los demás que a veces sentía que tenía más oportunidades de hablar con mi gato que con él.

Luego aparece Nina, una mujer con gran seguridad en sí misma, mostrando una considerable experiencia, muy elegante, además de ser muy atractiva —algo poco común en nuestro sector—. Trabaja en una importante empresa aseguradora. Con su cabello oscuro y su mirada desafiante —una morena peligrosa—, parece una fuerza de la naturaleza. Por lo poco que he escuchado, le encanta el enfrentamiento y siempre quiere tener la razón. Se las da de perfecta. Aunque, honestamente, si alguna vez necesita un enemigo, creo que encontraría uno en el espejo.

Luego destacaba Mateo, el alma risueña del grupo. Se distingue por su amabilidad, su constante sonrisa; es conciliador y posee un gran tacto. En resumen, es una persona muy dulce, pero, al mismo tiempo, poderosa. Creo que es incapaz de herir ni siquiera a una mosca y las gafas que lleva le confieren un aire de inteligencia innegable. Aunque se nota que tiene mucho potencial, pero le falta experiencia; su actitud positiva y ganas de aportar son notorias. Es el único que realmente me agrada en esta mesa, quizá porque es el único que no parece querer dominar el mundo.

Y qué podemos decir de Jacinto, es todo un personaje. Habla tan despacio que a veces creo que terminará sus frases justo a tiempo para la próxima edad de hielo. Y ese tic nervioso en su ojo derecho es como un metrónomo nervioso. Parece que su única obsesión es la regulación, como si tuviera un manual de regulación bajo el brazo. Pero, bueno, como dice el refrán, cada loco tiene lo suyo, ¿no?

Y, por último, pero no menos importante, tenemos al CISO virtual. La verdad es que ni siquiera dijo mu. Todos pensamos lo mismo: parece que le falta criterio. Quizá su manual de usuario tenga un apartado sobre cómo ser decorativo en las reuniones.

Y así, la mesa de los CISO se convirtió en un espectáculo colorido en el que cada uno desempeñaba su papel. Tendremos que esperar y ver cómo resulta esta comedia de ciberseguridad.

Los CISO coinciden en que la IA adaptativa es una herramienta poderosa para mejorar la detección y la gestión de alertas, brindando a los analistas más libertad para centrarse más en las investigaciones. Ojalá podamos incluso reemplazar al SOC y en especial al Nivel I en menos de cinco años.

Nina, siempre con su chispa característica, levantó la mano y suelta una idea tan revolucionaria que nos hizo tambalear en nuestras sillas.

—¿Qué opinan de que introduzcamos un sistema de evaluación de empresas para ayudar al CISO a tomar decisiones previas a la contratación? —sugiere con una sonrisa pícara—. Imaginen un proceso de contratación bidireccional: antes de que una empresa pueda contratar a un CISO, ¿por qué no informar a los propios CISO sobre la calificación de ciberseguridad de la empresa que quiere contratarle? —sigue adelante.

Nos miramos sorprendidos y fascinados, dejando volar nuestra imaginación con la idea revolucionaria que acabábamos de escuchar. La perspectiva de descubrir una cantidad inimaginable de secretos empresariales nos resultaba emocionante e incluso nos brindaría la oportunidad de ahorrar mucho tiempo.

Jacinto interviene con su característico tic nervioso en el ojo derecho y su voz pausada, como si le costara terminar las frases. Afirma que un sistema como este le habría ahorrado años de esfuerzo en empresas donde la ciberseguridad era una broma.

Nina continuó con entusiasmo:

—Imagínese un modelo centralizado basado en ML donde se captura la valoración de la empresa. Este sistema recoge las reseñas de los CISO que han trabajado en estas empresas. Además, se alimenta de información sobre la seguridad del perímetro, los resultados de los ejercicios de *Red Team*, detalles de las auditorías internas y externas (porque siempre hay algo que se nos escapa), la inversión en ciberseguridad, el apoyo de los CIO y *C-level*, gestión de riesgos.

»Incluso podríamos profundizar en los detalles de la regulación, que sé que es un tema que preocupa mucho a Jacinto. Si se aplicara la magia de la IA adaptativa a todo esto, cada empresa tendría su propia puntuación, su puntuación en ciberseguridad. Y, por lo tanto, la decisión de contratar a un CISO no sería una decisión unidireccional, sino, más bien, bidireccional, en la que el CISO tiene la última palabra sobre si acepta el desafío o no.

La sugerencia de Nina provoca risas nerviosas y miradas de complicidad en todos. Por un momento, la idea parecía tan descabellada que no podíamos evitar imaginar la emoción de verla en acción. Quizá, solo quizá sea hora de llevar la ciberseguridad al siguiente nivel. Quién sabe, podría ser el futuro.

José se levanta un poco molesto y se notó que le sorprendió la idea, porque tardó un poco en reaccionar. Con voz firme interviene y expresa su opinión: no cree que la idea sea mala, pero sugiere que debemos ir un paso más allá. Se propone incluir, además de la evaluación de las empresas, una evaluación de los CISO y su potencial compatibilidad con las empresas que necesiten contratarlos.

Su argumento fue sólido: con tantas empresas y tan pocos CISO en el mercado, no todas las combinaciones son adecuadas. Es como intentar emparejar calcetines de diferentes tamaños y colores.

La sugerencia de José despertó un murmullo de asentimiento entre nosotros. Es cierto que encontrar el CISO adecuado para una empresa específica puede ser como buscar una aguja en un pajar o, peor aún, como intentar encontrar una red wifi pública segura.

Su propuesta nos hace reflexionar sobre la importancia de considerar no solo la seguridad de la empresa, sino también la idoneidad del CISO para el puesto. Es como armar un rompecabezas.

Durante toda la sesión, el CISO virtual estuvo tan silencioso como un pez en una pecera. Mientras tanto, Mateo y yo nos encontramos en el metaverso, navegando entre bits y *bytes* con exuberante alegría. Ya hemos identificado que la IA adaptativa todavía tiene un largo camino por recorrer antes de que comencemos a considerar la posibilidad de que reemplace nuestros trabajos. De hecho, sustituir al CISO virtual parece tener más sentido que poner en peligro nuestras posiciones laborales.

Al final de mi primer día, estuve satisfecha y llena de ideas, especialmente en el tema de la IA adaptativa. También logré ampliar mi red de contactos de cero a tres. Sin duda, Mateo se convirtió en mi mejor amigo y fue un placer conocer a Nina y José, dos referentes destacados en el mundo de la ciberseguridad. Intentaré por todos los medios que se conviertan en mis mejores amigos.

Eventopía: sin tiempo para nada

Recuerda: los eventos son efímeros. Lo que perdura son las emociones.

ANÓNIMO

Aun a riesgo de que la coautoría no anonimice eficazmente estas líneas y ya nadie quiera que asista a sus eventos, quería hablaros sobre los eventos a los que un profesional de la seguridad asiste.

Podría decir aquello de que no todos los CISO van a eventos ni a todos los eventos van los CISO; pero la realidad es que muchos CISO van a muchos eventos.

Vaya por delante que pienso que los eventos son útiles, según el momento de cada fabricante, convocante o aglutinante y según el momento del asistente.

Aunque también creo que en ocasiones se asiste a eventos que no te aportan nada, lo que quiere decir que no debiste de asistir, o bien no debiste de ser convocado.

La realidad es que son una actividad utilísima que va en aumento y que es necesaria para impulsar la industria, el sector y el colectivo.

Como veremos, no todos los eventos son iguales, los hay de muy distinta naturaleza y propósito. Lo que aquí se va a tratar de contar es desde el punto de vista del asistente, no del organizador, convocante o aglutinante. Y, desde luego, tampoco será el punto de vista del que lo financia, verdadero conocedor de su propósito y auténtica utilidad.

Otra consideración es que los eventos tienen un objeto no siempre claro. Otras veces su objetivo es meridiano, aunque en ocasiones ese objetivo se trata de mimetizar. Pero no nos engañemos, normalmente se trata de acercar, aunar a los diferentes actores de un negocio.

Por eso, es necesario tener claro aquello que si el servicio, en este caso, la asistencia al evento, el disfrute de sus servicios —en ocasiones, verdaderos agasajos— y las donaciones no tienen coste, el producto eres tú.

No debemos sentirnos mal por ello. Ha existido toda la vida. Recordemos las chicas que entran gratis en las discotecas, los jubilados que sacan de excursión y tratan de venderles enciclopedias o sillones, los usuarios de Google y un largo etcétera del que no se libra nadie.

El mercado de la ciberseguridad es tan boyante que ha comportado la multiplicación de eventos que de una manera u otra ofrecen aspectos, servicios o debates a los que merece la pena asistir.

Tanto es así que en un mismo día pueden coincidir más de un evento interesante al que asistir.

Esto que os cuento es real: una profesional de la ciberseguridad, en el tren que le lleva a la capital, escucha para entretenerse una ponencia en *streaming* de un evento que tiene lugar en Londres.

Al llegar a la estación, toma un taxi que la deja en el recinto del congreso al que asiste y en donde se acredita y permanece escuchando ponencias hasta que le toca intervenir en una mesa redonda. Además, se ha comprometido a asistir a un *lunch meeting* a la hora del almuerzo. Avisa al organizador de esa comida que llega tarde porque su intervención se ha retrasado.

Trata de tomar un taxi, pero hay cola como en los aeropuertos, así que por su aplicación de movilidad busca y encuentra un patinete, que, por suerte, estaba casi a la mano.

Se monta en el patín, atraviesa algunas avenidas y llega con el tiempo exacto de llegar a las conclusiones del *vendor* que patrocina el almuerzo. No está mal, ¿eh?

Terminada la comida y despidiéndose de un compañero de tertulia que ha ido en su propio coche, le pregunta:

—¿Vas para el centro?

—Bueno, en realidad, no. ¿Dónde quieres que te deje?

—Colón me iría bien.

—Nada, no te preocupes, te acerco.

—Genial.

Nuestra profesional de la seguridad escribe un wasap a un antiguo novio que vive cerca de Chueca con el que se tomará un café antes de tomar su tren de vuelta a casa. Una tía que aprovecha el tiempo.

Respecto a estos eventos es importante destacar que existen muchos de muy distinto pelaje y condición. Tenemos los congresos y jornadas. Los más veteranos y conocidos son auténticos acontecimientos en el sector. Cada año se superan en asistencia e interés. Los de ISMS en la cima de todos ellos.

Los organizados por entes dependientes de la Administración, asimismo, son un alarde de organización e interés de los temas y asistentes. En cuanto al de León, hay un pacto de no decir nada de lo que pasa en él... También os digo, he ido varias veces a León y, en mi caso, podría contar todo lo ocurrido allí a mis nietos o a mi madre sin problema.

Otros, de más reciente creación, tratan de abrirse paso en la cada vez más poblada jungla de eventos cíber y, desde luego, están a otro nivel.

Los que son organizados directamente por un fabricante o empresa suelen ser de factura impecable, aunque de interés mejorable.

Por otro lado, están las comidas y desayunos de trabajo organizados por publicaciones, organizaciones, etc. Tipo de evento siempre en auge que da lugar a situaciones en ocasiones inverosímiles, como luego veremos.

Comentaremos también las entregas de premios, que son una ocasión para agasajar a profesionales del sector. Están un poco pasados y normalmente son soporíferos.

Además, están también los actos con compromiso. Celebrados con motivo de alguna circunstancia que congrega al sector para demostrar la solidaridad y responsabilidad de sus miembros con la causa.

Por último, hablaremos de otro tipo de evento: el sarao. En este, aunque la excusa para organizarlo sigue siendo cualquier consideración tecnológica y cíber, tienen cabida torneos de golf u otros deportes, timbas de mus, cursos de conducción, *cooking experience,* palcos, viajes, etc.

Trataremos de explicar para los no conocedores lo que acontece en algunos de estos tipos de eventos.

Participar como ponente en *webinar* / desayuno o *lunch meeting* de trabajo

El convocante puede ser una publicación o alguna asociación que, a su vez, puede ser convocante de otro tipo de eventos. En estos eventos, puede o no haber un tema por tratar, que puede ser muy general y no tener nada que ver con el producto o servicio de la empresa interesada. Las preguntas que se plantean nor-malmente están pactadas, lo que no evita que los participantes repitan lo mismo en sus distintas intervenciones o hablen de lo que acaba de hablar el anterior interviniente, en caso de no sentirse muy inspirados.

En el caso de los desayunos, su celebración puede ser prácticamente en cualquier lugar: hoteles, en la propia oficina o redacción del convocante, un *coworking,* etc. Los desayunos suelen terminar en la hora prevista y apenas motivan anécdota o cosa reseñable.

Si hablamos de una comida, el acto suele tener lugar en un restaurante. Ya se sabe que la oferta de restaurantes es cada vez mejor y más completa. Y los convocantes de estas comidas se cuidan mucho de convocar en establecimientos de gran relumbrón y al alcance de pocos bolsillos. Es por ello por lo que las convocatorias a estos eventos son restringidas y algo más dirigidas.

Os haré un resumen: el convocante, previa presentación de los asistentes/comensales al evento, suele hacer una presentación de su producto y, cuando finaliza, se sirve una espléndida comida.

Ahora os lo ilustro: en estos eventos, y cualquiera podría avergonzarse por ello, porque quizá se piense que sea uno de ellos, hay asistentes especialistas. Es decir, no van casi nunca a otro tipo de eventos y, sin embargo, se les suele ver en estos que hay buen yantar. Asisten muy sonrientes y con ganas de agradar al convocante.

El convocante hace un introito sobre su especialidad y puede hacer alguna alusión de que no se alargará para no privar a los asistentes de las delicias venideras.

Hay convocantes de estas comidas, quiero decir, eventos, de gran largueza, los cuales, una vez terminada su exposición inicial, permiten y hasta agilizan que la comida transcurra en términos lúdicos y hasta frívolos. Es decir, se hablará de toros, de fútbol, de familia, de chascarrillos, etc., y apenas de su producto o servicio.

Otros, sin embargo, teniendo muy presente el coste del evento y la necesidad de amortizarlo cuanto antes, se afanan en que la comida transcurra en conversación monocorde sobre las bondades y opiniones de los asistentes acerca del producto o servicio que justifica el acto. Esta manera de proceder obviamente desluce mucho el evento y puede llegar a convertir lo que es en principio una ocasión festiva y agradable en algo molesto y olvidable.

Como veis, hay dos maneras de entender la estrategia de *marketing* para este tipo de eventos. Yo no sabría deciros cuál es la mejor.

En cuanto a los asistentes a estos eventos, también podría contar varias y curiosas maneras de proceder.

Hay asistentes a los que claramente se les nota que su única motivación es atiborrarse y lo demás les da igual. Suelen llegar tarde, de muy buen humor y sus intervenciones, en ocasiones, se salen del tono imperante. La mayoría de los asistentes atienden a la ponencia del convocante y cumplen con la mínima cortesía de preguntar e interesarse por aquello que les cuentan.

Mediada la comida y por el efecto de las viandas y de los caldos ingeridos, el ambiente se distiende notablemente y, en ocasiones, el convocante olvida su condición de anfitrión mezclándose en chanzas y chismes con los invitados al evento, que, a su vez, se han distendido y de lo último que les apetece hablar es del producto o de tecnología. Algunas veces hay algún asistente que se destapa como un gran cuentachistes, monologuista o rapsoda.

En otros casos, salen los críticos gastronómicos. Te cuentan dónde y qué han comido anteriormente, lo que les da el marchamo de expertos en la materia y luego te hacen la calificación del lugar del evento con gran precisión y argumentario.

Al término de la comida, normalmente hay intercambio de contactos y promesas que pueden ser muy vagas o firmes de posteriores reuniones o pruebas de concepto.

Estos eventos con comida de por medio habitualmente no son difundidos, aunque últimamente hay una tendencia que consiste en publicarlos en redes sociales. El convocante publica una foto en donde se ve a los asistentes, si no moviendo el bigote, sí a punto de hacerlo. En la foto se aprecia con claridad el lujo y boato del lugar de celebración. Consultado el colectivo, hay algunos que les resulta indiferente, a otros les parece bien y a muchos les molesta bastante. Mi opinión es que lo que ocurre en Las Vegas se queda en Las Vegas.

Hay una anécdota muy divertida de una de estas comidas que la he oído contar en varias ocasiones, con distintas versiones. Os contaré lo que de verdad ocurrió, porque yo estuve allí.

El evento en cuestión, del que no mencionaré al convocante ni revelaré nombre ni ocupación del protagonista, ocurrió hace muchos años. Pues bien, el evento tuvo lugar en un sitio estupendo cerca de la Gran Vía, algunos ya podréis imaginar cuál es. Pues bien, sucedió que al organizador se le ocurrió la genial idea de estructurar el evento de la siguiente manera: primero, un debate inicial sobre la práctica del producto en cuestión antes de la comida; luego, disfrutar de la comida y, posteriormente, tras los postres, sorprendernos con una presentación comercial, incluyendo pantalla, diapositivas y todo.

El lugar, al ser un piso alto y tener mucha luz, obligó a atenuarla con los estores de las ventanas para que la presentación en la pantalla se pudiera distinguir. Hasta ahí todo genial, ¿no?

Lo bueno vino cuando uno de los asistentes, acunado por la buena cocina, la mejor bebida y la confortable media luz, empezó a roncar de modo tan ruidoso que apenas permitía al resto escuchar ni atender al nervioso y descompuesto ponente y convocante.

La rechifla y desazón iba en aumento hasta que nuestro bello durmiente dio una cabezada hacia atrás de la cómoda butaca que lo mecía que casi lo desnuca y que finalmente lo despertó entre balbuceos ininteligibles.

¿Os dije que no revelaría su nombre ni su ocupación? Bueno, os doy una pista: sector público, y os doy otra: nunca más he vuelto a coincidir con él en ningún otro evento. No me extraña.

Participar como ponente en jornadas, congresos o exposiciones

Normalmente, todo comienza con una solicitud por parte del organizador o convocante en la que te requieren para participar como experto, o bien como prescriptor de alguna empresa o producto con el que has tenido o tienes relación.

La temática para tratar, por tanto, puede ser simplemente hacerte eco del proyecto o implantación de alguna solución, experiencia de cliente o similar o lo que te proponen es participar como un miembro en una mesa redonda para abordar alguna cuestión de actualidad o interés en el sector.

Hay gente que rehúsa este tipo de participaciones: que si no conozco a fondo el tema que me proponen, que no trabajo gratis, que me vienen mal, que en mi empresa no está bien visto.

Otros, en cambio, suspiran por ser propuestos, pero no se dan cuenta de que no tienen ni don de gentes ni se les entiende cuando hablan o que no tienen conocimiento, o bien que nunca contratan nada o si lo hacen tienen fama de terminar tarifando con el proveedor. Lo habitual, sin embargo, es que casi siempre hablan los mismos para contar más o menos lo mismo. Al terminar, los participantes reciben parabienes, pero todos sabemos que, en ocasiones, cuando estabas interviniendo, el que te felicita estaba, o bien tomando café, o no había llegado todavía, o estaban al móvil con algún fuego en la oficina.

Ir a un congreso o jornada de oyente (también pasa. Es raro, pero ocurre)

En estos casos, en las pausas, con gran habilidad y práctica, los CISO se parapetan entre ellos para evitar que ciertos asistentes al congreso los importunen.

En estos lugares, los convocantes y organizadores colocan sus tenderetes en lugares de paso estratégicos por donde inevitablemente han de pasar los asistentes al evento para quedar impactados por sus reclamos.

Estos reclamos consisten en llamativas banderolas publicitarias, folletos, una variada y atractiva oferta de obsequios de *marketing,* que consisten en artículos promocionales que regalan. Otros ponen cosas para picar o beber, cafés, grifos de cerveza y todo lo que la imaginación os lleve a imaginar para animar a los asistentes a convertirse en clientes.

A veces se organizan entre ellos para que en cada quiosco de los patrocinadores dejes tus datos de contacto a cambio de esos regalitos promocionales que acabo de mencionar y de que te sellen una especie de carné de baile.

Con el carné de baile completo por todos los patrocinadores al evento, adquieres el derecho a participar en una rifa en la que puedes ser el ganador de espléndidos premios. La rifa tiene lugar una vez terminada la última ponencia del último día del congreso.

Esta astuta práctica se lleva a cabo con la intención de que los asistentes permanezcan en el evento y establezcan contacto con todos y cada uno de los patrocinadores, independientemente de que les interesen o no sus servicios o estén o no interesados en las ponencias de última hora del último día.

A este respecto, recuerdo en mis tiempos mozos, cuando un duro costaba cinco pesetas y aún no habíamos pasado ni por la crisis inmobiliaria ni la pandemia, que el regalo estrella de la rifa de un evento fue, redoble de tambores, ¡un coche!

Sí, un coche de esos pequeños que se aparcan en cualquier parte. También os digo, no estuve allí para presenciarlo.

Asistencia a una entrega de premios

Las entregas de premios son aburridas. Bueno, si te lo dan a ti, en menor medida; pero también te aburres.

Son actos en los que el convocante obsequia a empresas, profesionales o instituciones por su trayectoria, labor o contribución. A veces se premia a profesionales que se han retirado o están a punto de hacerlo.

Las intervenciones de los presentadores y de los laureados, en algunas ocasiones, son breves. En la mayoría de los casos, tienden al sentimentalismo, la complacencia o al chiste malo. Los queremos y se perdona todo. A fin de cuentas, es un día festivo.

En el mundo cíber, al ser un ecosistema bien avenido y más o menos cerrado, todos conocemos al premiado y siempre verdaderamente nos alegramos de su logro.

Los premios pueden otorgarse en una cena o previos a un cóctel. Independientemente de quien otorgue los premios, suele haber muchas fotos de grupo como en las bodas, que luego vemos todo el mundo publicadas por acullá. Resulta jovial observar esas fotos y ver a todo el sector con la servilleta al cuello, algunos sin chaqueta y abrazados.

Eventos comprometidos

Hay un aserto, atribuido a Bill Gates, que dice algo así: «¿Somos conscientes en Occidente de cómo viven cuatro partes de las seis partes que somos entre todos? Si en verdad lo supiéramos, ayudaríamos».

El mundo cíber históricamente ha contribuido de modo filantrópico, en tanto que cuenta con un impulso generoso, en favor de otros. Es una actividad que proporciona satisfacción por ayudar al que menos tiene.

En esta cuestión ocurre que, en ocasiones, colisiona o se mezclan las iniciativas RSC de cada cual con este tipo de contribuciones filantrópicas.

Los eventos cuyo *leitmotiv* son la solidaridad están ahora en auge y cuentan cada vez con más apoyos. De los profesionales y de la industria.

Otro tipo de eventos son los que han surgido a propósito de iniciativas para visibilizar el papel de las mujeres en el mundo digital o específicamente en el mundo cíber, fomentar vocaciones entre las mujeres jóvenes y normalizar que una mujer tenga autoridad en estos campos.

Ambos tipos de eventos son todavía menos concurridos que el resto. Dadles tiempo.

El sarao

Un sarao es una velada en donde el organizador organiza un acto para la diversión de los asistentes.

El motivo de llevarlo a cabo es iniciar, impulsar o cerrar conocimiento o relaciones entre los asistentes y el organizador u organizadores. La temática del sarao es muy amplia y no siempre es del gusto de la mayoría, por lo que, a pesar de su indudable atractivo, no son el tipo de evento más frecuentado. El sarao, en ocasiones, presenta conflictos con el *compliance* de las empresas y requiere comunicar la asistencia a ellos y de la autorización expresa para asistir.

Como ya se ha dicho, un sarao puede consistir en disputar un torneo deportivo o participar en alguna actividad lúdica, incluyendo algún desplazamiento. Pero también puede consistir en invitaciones a asistir a conciertos de música navideña, por ejemplo, o de otro tipo, o bien invitaciones para presenciar encuentros deportivos u otro tipo de espectáculos.

Según el tipo de sarao y su formato, será posible o no el momento estrictamente comercial, pero no necesariamente. En cualquier caso, tu anfitrión estará, lógicamente, en su derecho de abordar contigo aspectos de su servicio o producto.

Mezclar ocio con trabajo nunca es sencillo. Hay profesionales —asistentes y organizadores— que hacen de ello un arte. Otros, en cambio, no dejan pasar la oportunidad para quedar mal. Ellos y la empresa en la que trabajan. En definitiva, es fácil quedar comprometido, por lo que hay que andarse con cuidado.

Nos vemos en el próximo evento.

Encuentros en la segunda línea

Nuestros sentidos nos permiten percibir solo una pequeña porción del mundo exterior.

NIKOLA TESLA

—Ahora agarraos las manos, en círculo, es hora de comenzar el contacto. Noto la energía —dijo la médium sentada en el centro en una silla plegable.

Agarré la mano derecha de Fátima, CISO de Energy Fuel, y la izquierda de Josete, que llevaba dos meses de CISO en Bancopoteca, una *fintech* interna de uno de los mayores bancos de Europa. De hecho, estaba en esa sesión por él. Josete y yo coincidimos hace años como consultores en una Big4 de cuyo nombre no quiero acordarme. Desde entonces hemos tenido una muy buena relación. Nuestros caminos se separaron cuando yo fiché por cliente, donde fui escalando hasta ahora ser DSI. No lo llamamos CISO, que somos semipúblicos.

—Tienes que apuntarte a eventos para ir entrando en la comunidad CISO. Es lo mejor que tenemos —le decía.

Los eventos empezaron por comidas; pasaron por *karting*, parques de atracciones y experiencias de cocina. El presupuesto de *marketing* de los fabricantes no paraba de crecer a pesar de patrocinar todos los Fórmula 1 de la parrilla, así que siguieron intentando diferenciarse del resto con experiencias únicas. Ahí estábamos, ocho CISO, en un castillo del siglo XII al que nos costó llegar muchísimo con la tormenta que estaba cayendo y en el que, según nos dijeron, después de las *slides* más dedicadas al SASE, había espíritus.

Yo, que estudié Física, estaba haciendo el corro de la patata a ver si aparecía Napoleón a echar un mus. Lo que había que hacer por un amigo. Podría haberle metido en el grupo de Telegram y que ya él se buscase la vida.

—Siento que estás con nosotros. Manifiéstate. ¡Confirma tu presencia!

Nos miramos todos de la misma manera que cuando el comercial nos dijo un rato antes: «El precio no es problema, siempre se pueden encontrar fórmulas». Escepticismo absoluto.

¡Pam!, ¡pam!, ¡pam!

Tres golpes fuertes sonaron desde el techo, mezclándose de manera un tanto tétrica con el ruido de las gotas de agua que chocaban contra las vidrieras que se encendían de vez en cuando por la luz de los relámpagos que centelleaban con frecuencia debido a la tormenta. Hubo alguna risa nerviosa. Me crujieron los dedos de la mano izquierda. Fátima estaba en forma. Josete me miraba atónito, supongo que pensando que si esto de los CISO siempre era así. Normalmente, era peor. Solo un fantasma, con todas las personas que estábamos allí, es un porcentaje bastante bajo para lo que solemos encontrar por esos lares. Yo seguía sin creerme nada, esta gente dijo ser capaz de romper el túnel SSL e inspeccionar tráfico apenas sin latencia. Supuse que también serían capaces de pagar a uno de los camareros para dar un par de saltos en el piso de arriba.

—¿Podrías hablar a través de mí? —dijo la médium, proyectando su voz hacia el techo—. Da dos golpes para confirmarlo.

Así, sin cifrado punto a punto, quería que el espíritu hablase con nosotros. Solo un par de caras se mantenían serias. El resto ya nos estábamos tomando todo eso bastante a chufla.

¡Pam!, ¡pam!, ¡pam!

—El espíritu quiere manifestarse a través de mí. Es una situación bastante poco habitual. Debe de ser por la energía de la sala y la tormenta. Tenemos que aprovecharlo. Agarraos fuerte. No soltéis vuestras manos. Pase lo que pase. Cerrad los ojos. Concentraos.

Obviamente, nadie cerró los ojos. En ese momento, la «profesional» abrió una caja de lo que parecía marfil con incrustaciones que es posible que en algún momento fuesen doradas, de la que sacó una pipa de fumar, que encendió para dar una calada profunda. Probablemente ella sí que viese espíritus después de eso. No olía a tabaco.

Tras expulsar una nube de humo densa que atravesó la lámpara de forja que colgaba del alto techo de la sala, comenzó a moverse de una manera poco rítmica. Cayó de la silla, que se plegó en uno de los movimientos pélvicos. Hice el ademán de ir a ayudarla, pero Josete no me soltó la mano. Un segundo después del aterrizaje, en un movimiento rápido, como si se tratase de un baile tribal, se sentó en el suelo, primero mirando hacia abajo, para después levantar lentamente la vista con los ojos muy abiertos hacia el círculo de espectadores. No era tabaco, seguro. Su expresión había cambiado, no parpadeaba y nos miraba como si fuese la primera vez que nos veía.

Se puso de pie; girando sobre su vertical, hizo un repaso, uno a uno, de todos nosotros.

—Os conozco. Conozco todos vuestros secretos.

La voz era totalmente diferente, mucho más grave. Como puerta de enlace espiritual no podíamos evaluar su capacidad, pero como imitadora de Ramón Langa tenía un futuro muy prometedor. Además, pesando cincuenta kilos, lo que sumaba espectacularidad a la *performance*.

—¡Lo sabe todo! ¡Se ha manifestado un espíritu de Auditoría Interna! —dijo Arturo, CISO de una de las mayores distribuidoras de electricidad del país. Con humor siempre fino.

Nos estábamos riendo, claro, mientras la médium, todavía sin parpadear, se limitaba a estar de pie, observándonos. Era evidente que nos estábamos tomando muy en serio lo que ocurría en esa sala.

—Me creeréis.

La voz de Bruce Willis chocó contra los muros fríos cálidamente iluminados. Además, el sonido de un trueno puso un punto y aparte a su frase de manera muy conveniente, callándonos.

—Conozco vuestros secretos. Aquel informe de *Red Team* que solicitaste al proveedor que suavizase porque el *timeline* mostraba que en media tarde consiguieron acceso a vuestro PAM y al directorio activo sin que el SOC oliese ni una alerta. Que el vector de entrada era el WordPress sin parchear desde el 2016 que debía de ser privado, pero no lo era, con la misma segmentación que ARPANET. Ese informe en el que se decía que sacaron más *passwords* de admin en un .txt que había en un SharePoint del equipo de Infra que los que sacaron del *vault* del PAM. Aquel informe, ese en el que pediste obviar el *timeline*. Aquel informe, ese en el que les pediste obviar versiones. Aquel informe, ese en el que les pediste un plan de remediación que encajase con el plan director, que no estabas para que te cambiasen el paso.

—¿Esto qué es? ¡Y por qué me miras a mí! —dijo Arturo, notoriamente nervioso.

Soltó las manos de sus compañeros, indignado. A su mano derecha estaba Fátima. La espiritista miró hacia ella. Todos los esperábamos en silencio, pero no empezaba a hablar. Arturo fue de los primeros en entenderlo: sin círculo no hay energía y sin energía no hay secretos. Además, si algo tenía claro es que no podía ser el único retratado. Volvió a agarrar la mano de la reticente compañera, que, pensándolo en aquel momento, tampoco podía negarse y entregarse a que sus compañeros pensasen que ocultaba algo.

Al retomar el contacto y cerrar el círculo, volvió la cobertura. Tras un par de espasmos que movieron su cabeza a izquierda y derecha, recordando a una cobra a punto de ser hipnotizada por un flautista, volvió a declamar, esta vez mirando a la CISO de Energy Fuel:

—Conozco vuestros secretos. Aquella semana en la que estuvisteis ocho recursos internos y cinco externos dedicados a un forense porque detectasteis una intrusión cuya única evidencia era movimiento aleatorio del ratón de algunos equipos. Aquella semana que supuso el retraso del proyecto clave de la compañía, justo antes de un comité de accionistas. Aquel forense que acabó cuando os disteis cuenta de que los canales de los ratones *wireless* se pisaban en frecuencia y que no había ninguna intrusión. Aquel forense que acabó con un informe que hablaba de un *malware* mitigado satisfactoriamente y un incremento de presupuesto en capacidades de EDR «para que no nos vuelva a ocurrir».

Notaba el sudor de Fátima en mi mano izquierda. En algunos puntos de la revelación, intentó soltar mi mano, pero ¡eso yo no me lo perdía! La mano se quedaba donde estaba.

—No sé de qué está hablando esta señora. Deberíamos dejar esta idiotez —dijo Fátima con la voz menos creíble de la historia.

Pero cuando vio que la mirada me apuntaba a mí aumentó la presión en mis dedos. Le tocaba a ella disfrutar. Arturo sonreía. Miré hacia mi derecha, a Josete. Con la mirada más clara que pude de «soltamos, ¿no?», que, lamentablemente, no fue correspondida. Él estaba ahí para agradar y hacer amigos. Comenzaba a ser evidente que nadie iba a soltar las manos. Las ansias de conocer los trapos sucios del prójimo hacían olvidar que en el proceso se aireaban los propios. La rueda había empezado a rodar, no se podía parar.

—Conozco vuestros secretos —repitió, con una mirada perdida que apuntaba hacia mí, pero que me atravesaba. Mi percepción era que enfocaba varios metros a mi espalda—. Esa auditoría que pasaste sin alta disponibilidad, porque no dio tiempo a desplegar los directorios activos replicados y cambiaste los registros de DNS internos para que ad1 y ad2 apuntasen a la misma IP, pero le pareciesen controladores de dominio diferentes al auditor.

Pero ¿cómo puede saber eso? Además, solo estuvo así un día. Al día siguiente estaba ya todo bien configurado. Nunca lo he compartido con nadie. Aunque ha habido veces que, realmente, me ha apetecido. Me sentí Lupin. Un fraude, sí, pero de guante blanco. Desmentí, claro, que eso fuese cierto.

—Qué ingenioso, la verdad. Pero no sé de qué me estás hablando.

Siguió la ronda. Obviamente, no iba a soltar la mano de Josete ni loco.

—Vuestros secretos. Ese máster que pone en tu LinkedIn que temes que alguna vez te pidan demostrar.

El de Josete fue bastante decepcionante. Todos sabíamos que tiene menos papeles que una liebre, pero, aun así, en lo nuestro tampoco son imprescindibles.

No se soltaba nadie. Se fueron descubriendo secretos e intimidades profesionales que los señalados ya no se preocupaban en desmentir. Ese espíritu nos creó una necesidad, una adicción al morbo y escarnio público en comunidad cerrada y controlada. Algo que, imprevisiblemente, se convirtió en una liberación para cada uno. Nos permitió, por una vez, no necesitar ser perfectos y un modelo de conducta, admitir que también metemos la pata y hacemos lo que podemos.

Se sucedieron:

- Campañas de *phishing* simulado enviadas a un pequeño grupo de control de doscientas personas al que contestaron, con credenciales, más de quinientas porque el asunto era encuesta teletrabajo. Se lo reenviaron unos a otros. Diez de los cuales pertenecían al Departamento de Ciberseguridad.
- ~~Pagos de Ransomware~~. Contratación de servicios de descifrado de datos avanzados, porque, lamentablemente, arreglar los *backups* estaba en el *roadmap* para Q3. Sin definir Q3 de qué año.
- Categorización como falso positivo en SOC acciones de un *insider threat* porque había mucho trabajo que hacer y no tenían mala pinta. Ni le preguntaron al susodicho. Parecían

acciones legítimas de un admin. Una legítima exfiltración de dos *terabytes* de datos.

- Cuando cayó todo el servicio de correo por una configuración mal puesta en la herramienta de seguridad en el *e-mail,* que hizo que se baneara el dominio corporativo en cientos de listas. Echando la culpa a una caída del proveedor.

- El plan de respuesta ante incidentes que no tenía en cuenta que el CISO estuviese de vacaciones, sin cobertura de móvil, en Vietnam montando en moto y que supuso una caída total en tres plantas de montaje durante cuatro días. Situación que trató de revertir conectándose, desde Ho Chi Minh, a Infraestructura Cloud desde la wifi pública de un aeropuerto, sin VPN. Hecho que, por supuesto, derivó en otro incidente por filtración de credenciales con roles administrativos del plano de control.

No podíamos parar. Íbamos a empezar la segunda ronda, cuando un espectacular resplandor, seguido de un trueno ensordecedor, hizo que se hiciera la oscuridad. Fueron solo diez o quince segundos, hasta que entró la fuente de suministro eléctrico auxiliar. Lo suficiente para que la escena cambiase. Al volver la luz, descubrimos a la médium tendida en el suelo, bocarriba. Su único movimiento fue el de proyectar una sombra en sus ojos con la mano, intentando librarse de la ceguera que le estaba produciendo la lámpara de forja sobre su cabeza. Como si hubiese estado todo este tiempo dormida.

—¿Qué ha pasado? ¿Se ha manifestado?

Volvía a tener la voz de una señora de mediana edad y de cincuenta kilogramos.

—No —dijimos.

Confesiones de un ciso

La vida es como montar en bicicleta. Para mantener el equilibrio tienes que avanzar.

ALBERT EINSTEIN

El telón cae sobre este capítulo, pero la trama sigue su curso, con nuevos giros por desvelar en el siguiente libro.
InTheCISOs Life, volumen II

To be continued...

Ficcionario CISO

Apache Struts. Librería de código que, como todas, el común de los mortales no sabemos qué hace hasta que hace lo que no tiene que hacer.

Bard. IA de Google que ha cambiado de nombre antes de que nos dé tiempo a editar este libro.

BAS. Es como comprarte un Pepito Grillo para que te diga en dónde flojea tu seguridad. Adictivo.

C-level. Ejecutivo. Constantemente reunido; por lo que ejecutar, ejecuta poco.

Capa 7: Si la red fuese una tarta, el *fondant*.

CASB. «Controlando accesos. Sufriendo básicamente».

CEO. «Casi eternamente optimistas», especialmente en las reuniones con inversores.

CFO. Ejecutivos especializados en Excel y excelentes en el arte de la negación.

ChatGPT. Cuñado digital coautor de la mayoría de los libros recientes. Como este.

CIO. «Conseguidores de innovaciones ocasionales». Esclavos siempre del presupuesto.

CISO. Guardianes incansables del reino digital. Los mejores. Sin sesgo. Si tienes otra opinión, te quitan los accesos.

CMDB. Inventario. Lista de invitados de IT donde nadie conoce a nadie y nadie recuerda quién invitó a qué.

COBOL. Señor mayor en forma de lenguaje de programación que manda en los bancos.

CRO. «Constantemente revisando objetivos», porque el riesgo nunca toma vacaciones.

CxO. Ecuación ejecutiva cuya X se despeja con dinero.

DAM. No puedes vivir sin él, pero pasarán años hasta que te den las aprobaciones para tocar la base de datos.

Deadlock. Punto muerto *cool*.

DevSecOps. Cuando intentas que desarrolladores, seguridad y operaciones jueguen partidos de solteros contra casados, siendo todos del mismo equipo.

Disquete de 5¼. Unidad de almacenamiento que contamina más que almacena.

DLP. La versión digital de los arcos de seguridad de las tiendas. Que también se suelen ignorar cuando suenan.

DPO. El héroe de la privacidad.

EDR. Lo que intenta ser el gran hermano de los virus.

Exploit. Uso concreto de una vulnerabilidad que evoluciona un riesgo a incidente.

GDPR. La razón por la que ahora debes hacer clic en «acepto» un millón de veces antes de poder ver un sitio web.

GPT-4. Otra forma de llamar al cuñado digital.

HSM virtual. Un guardián digital para tus secretos que, a diferencia de un dragón, no necesita ser alimentado con oro. O sí.

IA. Inteligencia artificial o increíblemente astuta, dependiendo del día.

IdP. «Identidades por doquier», porque recordar contraseñas es tan del siglo pasado.

IoC. «Indicios de caos», lo que encuentras justo antes de que las cosas se pongan realmente interesantes en ciberseguridad.

IPS. Un guardia de seguridad digital que, a diferencia de los de la vida real, no toma café.

IRM. Cuando te apuntas al gimnasio y no vas, es lo mismo, lo compras y los usuarios no lo usan.

ITDR. Es el *next level* para controlar la identidad o, simplemente, necesitábamos más siglas.

Log4j. La pesadilla antes de Navidad para los administradores de sistemas.

MFA. Pagar más por la autenticación y lo saltan con tan solo una galleta. Los usuarios te odian.

MITRE ATT&CK. Un mapa del tesoro para cazadores de amenazas. Mil maneras de morir.

ML. «Máquinas aprendiendo», como diría David Bisbal.

Módem de 56 Kbps. Puerta hacia el futuro que se nos abrió a los *boomers* con una banda sonora horrorosa.

NAC. Portero de red que decide si entras o no con zapatillas a la red.

PKI. Infraestructura de clave pública o el arte de contar secretos sin contarlos. Señora del visillo digital.

PMO. «Proyectos mágicamente organizados», o cómo intentar hacer que el caos parezca un plan y sea un caos.

Proxies. Los intermediarios. Las consultoras del mundo digital no aportan demasiado, pero hacen que al final llegues. O no.

PSD2. La excusa perfecta para que los bancos finalmente aprendan a compartir o a buscar otras excusas.

Ransomware. Jefe final de los ciberataques que secuestra tus datos y, de premio, multiplica tu presupuesto cuando es demasiado.

SASE. «Seguridad asombrosamente sin esfuerzo». *Spoiler alert:* no.

Security by default. Utopía. Paraíso. Ilusión. Frustración.

SIEM. Sopa de letras de la que salen alertas sobre ataques. A veces.

SOC. Equipo de vigilantes que miran la sopa de letras del SIEM a ver qué sale por ahí. Conversión de nicotina y cafeína en alertas de seguridad.

SSE. Es el hermano menor del SASE, pero solo sabe de ciberseguridad.

Tetris. Simulador de agenda CISO y uno de los pocos desarrollos rusos famosos que no suponen problemas.

UEBA. Analítica de comportamiento de usuarios. Bloqueando usuarios de empleados que viajan desde tiempos inmemoriales.

WAF. «*Wonderfully Aggressive Filtering*», donde el tráfico web malo recibe un no rotundo. A veces el bueno también.

War room. Reunión con más tensión que las catenarias del AVE.

Zero trust. Nada personal, pero nadie se fía de nadie.

Zero-day. Vulnerabilidades que acaban de dejar de ser solo conocidas por muchos gobiernos, empresas y mafias, para empezar a ser conocidas por algunas personas más.

ZTNA. Zonas de red donde hay tanta desconfianza que se diseñan a imagen y semejanza de las rondas de inversión.